新 絵でみる
陸上運動
指導のポイント

大貫耕一 編　岡田和雄 著
　　　　　　　藤井喜一

日本標準

本書は，1987年に (株) あゆみ出版より発行された『絵でみる 陸上指導のポイント』に加筆修正をし，「改訂版」として出版するものです。

はじめに

●子どもたちの笑顔が輝くために

　本書は,「すべての子どもたち」に体育のすばらしさを教えたいと願う多くの教師たちの実践成果を,豊富なイラストを使って,できるだけわかりやすい形で紹介したものである。そこには,目の前の「子どもたちを大切にしたい」という教師の願いが貫かれている。つまり,本書は,体育の授業に関するものだが,「子どもたちの笑顔が輝くために」と願う教師たちの主体性,自立性を学校教育で実現するための本でもある。

●「楽しい体育」時代の「絵でみる」シリーズ

　本書は,岡田和雄さんの発案による「絵でみる」シリーズとしてあゆみ出版より刊行されたものに加筆修正をし,本格的にリニューアルしたものである。旧著は,1980年代から1990年代にかけて全11巻が出版された。各巻によって部数は異なるが,各巻ともにほぼ1万冊を越え,合計で10万冊以上が全国に広まった大変好評なシリーズだった。
　旧著が出版された時期は,「楽しい体育」が日本の体育の中心だった。「楽しい体育」の時代には,体育の授業で運動技術を教えることは,教師の教え込みとして批判され,学習内容や方法を子どもたちが選択するように奨励された。子どもたちが選んだ方法で運動すれば,それが子ども中心の授業といわれたのである。
　「楽しい体育」の時代に,運動ができない子どもたちを前にして,「教えてはいけない。教師は支援に徹するべきだ」といわれる中,多くの教師はとまどい,旧著を手にし,子どもにそっと教えていたのだろう。そこには,目の前の子どもたちみんなに「運動ができる喜び」を実現してやりたいという教師としての誠実な思いがあった。
　そして,この本は「子どもたちに運動の喜びを」と願う全国の教師たちの役に立つことができた。この本に書かれている技術指導によって,たくさんの子どもたちが「わかり・できる」ようになり,仲間とともに

豊かな運動文化の世界を知ることができたのである。

　教育関係の本が売れない時代に，しかも「楽しい体育」全盛の時代にこの本が広まったということ。「よいものは，よい」。私たちが，この本を再度発刊したいと願った理由が，ここにある。

●「楽しい体育」から「健やかな体育」の時代へ

　「楽しい体育」の時代には，運動が得意な子はある程度上手になったが，運動が苦手な子は教師からの指導を受けることなく放置され，運動のできる子とできない子の格差を生む二極化が進行した。

　2008年1月に中央教育審議会から，「幼稚園，小学校，中学校，高等学校及び特別支援学校の学習指導要領等の改善について（答申）」が公表されたが，「楽しい体育」について以下の4点が課題とされている。

> ・運動する子どもとそうでない子どもの二極化
> ・子どもの体力の低下傾向が依然深刻
> ・運動への関心や自ら運動する意欲，各種の運動の楽しさや喜び，その基礎となる運動の技能や知識など，生涯にわたって運動に親しむ資質や能力の育成が十分に図られていない例も見られること
> ・学習体験のないまま領域を選択しているのではないか

　そして，「基礎的な身体能力や知識」を身につけることが強調され，次のように説明されている。

> 　身体能力とは，体力及び運動の技能により構成されるものである。知識は，意欲，思考力，運動の技能などと相互に関連しながら，身に付いていくものであり，動きの獲得の過程を通して一層知識の大切さを実感できるような指導が求められる。

　また，身体能力や知識の具体的内容について「学校段階の接続及び発

達の段階に応じて指導内容を整理し，明確に示すことで体系化を図る」と述べているので，今後各学年段階に応じた＜具体的指導内容＞が示され，それは「体系化されたもの」として各学校に下りてくると思われる。

　つまり，「楽しい体育」から「体力や運動技能」を重視する体育へと大きく転換されることになるし，「子どもの自主性」から「教師の指導性」へと振り子が揺れ戻ることになりそうだ。このような傾向は，新学習指導要領全体における「重点指導事項例の新設」に表れているように，日本全国の子どもたちに獲得させるべき内容をより「具体的」に示すとともに，その獲得状況を検証し，結果責任を一人ひとりの教師に問うという全体システムに基づいている。したがって，個別化（個に応じた）路線は継承され，指導内容が教師主導の「体力，運動技能」中心になることが予想される。

　しかし，学習指導要領がどのように変わろうとも，すべての子どもたちに体育のすばらしさを教えたいという教師の願いは変わらない。本書によって，たくさんの子どもたちが運動文化・スポーツの豊かな世界を学ぶこと，そして，日々誠実に教育実践に取り組んでいる教師のみなさんの役に立つことを願っている。

　　2008年2月

　　　　　　「新 絵でみる」シリーズ編集委員会
　　　　　　藤井喜一　大貫耕一　内田雄三　鈴木 聡

もくじ

はじめに ──────────────────────── 3

　本書の活用にあたって ──────────────── 9
　図解を見るにあたって ──────────────── 10

Ⅰ　陸上運動と子どもたち ──────────────── 11
　❶　陸上運動の目的 ──────────────── 11
　　①　みんなが「できる」こと　11
　　②　みんなで「わかる」こと　13
　　③　みんなで「創る」こと　14
　❷　陸上運動で育てたい力 ──────────── 16
　　①　現代スポーツの光と影　16
　　②　陸上運動の特質と基礎技術　18
　　③　年間計画づくり　19

Ⅱ　授業の手順と方法 ──────────────── 21
　　①　自ら学ぶ（主体性）　21
　　②　学びと指導の過程　22

Ⅲ　陸上運動の内容と指導のポイント ─────── 31
　❶　陸上運動の基礎となる運動 ─────────── 31
　　①　歩く運動　31
　　②　走る運動　34
　　③　とぶ運動　41
　　④　障害走の工夫　45
　　⑤　鬼あそび　50
　❷　短距離走 ────────────────── 55
　　①　短距離走の特性と基礎的練習　55
　　②　スタート，中間疾走，フィニッシュの練習　58
　　③　50m走タイム測定　62

- ❸ リレーあそび・リレー ……………………………………………… 63
  - ① リレーの特性　63
  - ② バトンパスの基礎的練習　64
  - ③ いろいろなリレーの方法と指導の要点　73
- ❹ ハードル走 ……………………………………………………… 85
  - ① ハードル走の特性と基礎的練習　85
  - ② ハードル走の練習の要点　91
  - ③ ハードル走の競争　101
- ❺ 持久走（ペースランニング）…………………………………… 103
  - ① 持久走の特性と基礎的練習　103
- ❻ 走り幅とび ……………………………………………………… 113
  - ① 走り幅とびの特性と基礎的練習　113
  - ② 走り幅とびの練習の要点　115
- ❼ 走り高とび ……………………………………………………… 122
  - ① 走り高とびの特性と基礎的練習　122
  - ② 走り高とびの練習の要点　124

Ⅳ　評価 ——————————————————————— 129

おわりに ——————————————————————— 133

●**本書の活用にあたって**

　本書は，主に小学校の体育授業にたずさわる現場の先生方が，事前の教材研究の参考としたり，授業の中でも技術指導のポイントをつかむために役立つようなハンドブックとして編集したものである。教材の考え方，指導計画の立て方，技術の系統の押さえ方などによって全体の見通しを立て，具体的な指導の要点，授業の展開例など，できるだけわかりやすく解説したつもりである。

　図解を中心としているのは，動きの順序や重要なポイントを分解したり取り出したりして，練習のポイントや指導のコツなどを表そうと考えたからである。したがって，写真のように生の動きではないが，技術の大体を押さえ，練習や指導上の要点を図の中から読みとってほしいと考えている。

　運動技術や練習方法についての図解は，およそ次のような原則で記述してある。

(1) 1つの運動，技術，動きについて大体の方法を示している。
(2) その運動の練習の仕方，ポイント，留意点を示している。
(3) その運動と類似している技，同系統の技，発展的な技を示している。
(4) 1つの運動の部分的な動きで，注意すべき留意点をゴシック体の文字で解説し，必要に応じて円型囲みによって示している。
(5) 補助の方法とそのポイントを示している。
(6) 子どものつまずきや，悪い例，危険な例などを示している。

　以上のような観点で図解をすすめているので参考にしていただきたい。

●図解を見るにあたって

❶・❷……教材の大きな分類（例─下図Ⓐ）

①●●●……種目の大きな分類（例─下図Ⓑ）

(1)・(2)…種目名，具体的に解説する内容（例─下図Ⓒ）

①・②……同じ種目での何通りかの方法や指導（例─下図Ⓓ）

1)・2)……1つの技の順序を示す

★…………技術の解説，指導のポイント，練習上の留意点，安全のための配慮（例─下図Ⓔ）

ゴシック…技術上の部分的な留意点，動きの部分的なポイントなど。必要に応じて円型囲みでその部分を示す（例─下図Ⓕ）

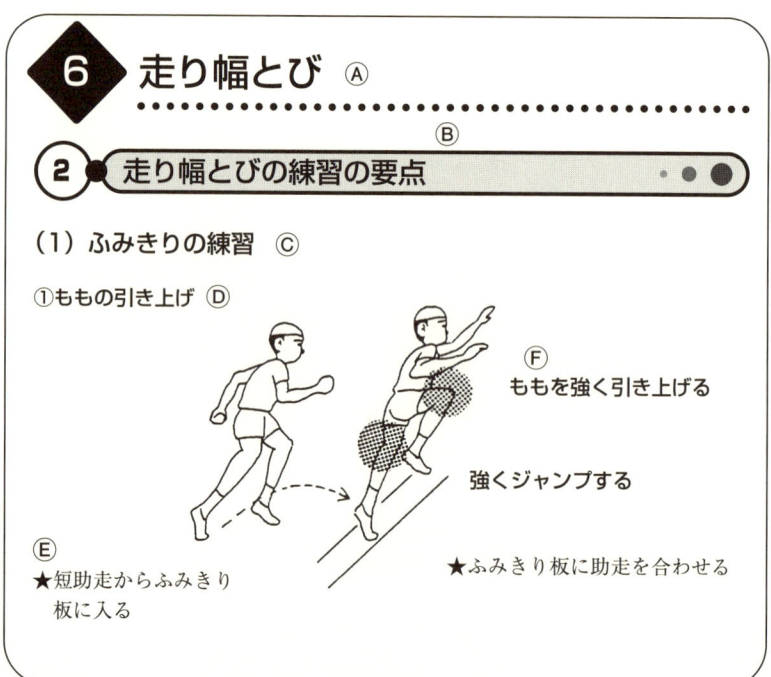

I　陸上運動と子どもたち

❶　陸上運動の目的

1　みんなが「できる」こと

　4月，最初の体育の授業で，筆者はリレー走あるいはハードル走といった陸上運動教材を行う。はじめから陸上なんて，子どもたちがいやがるのではないかと思われるかもしれない。しかし，陸上運動教材，特に「走る運動」は，これから1年間教えていく「できる・わかる・むすび合う体育」への期待を，すべての子どもたちにもってもらう上でたいへん重要な教材なのだ。

　なぜリレー走やハードル走の教材を最初にもってくるのだろうか。それは，リレー走やハードル走の授業で，クラス全員のタイム短縮が必ず実現するからである。

　リレーを例にしよう。子どもたちは，リレー走では「足の速い子が活躍する」と思っている。また，足の遅い子は「どうせ速く走れるようにはならない」とややあきらめている。このため，はじめてリレーを行うと，足の速い子は全力で走ってきて，次走者にぶつかりそうになってスピードダウンし，バトンを渡す。一方，足の遅い次走者はリードなどということはしないで，止まった状態でバトンをもらう。

　つまり，はじめのリレーでは，リレー学習最大の学習内容である「バトンパス」が，ほぼ止まった状態で行われているのだ。このため，最初のタイムは大変遅いものとなる。

　次ページの図1を見ていただきたい。この図1は，2007年度に担任した小学4年生の子どもたちのリレーのタイムの変化である。第1チームから第6チームまで，最初のタイムはすべて51秒以下であり，第1チー

ムに至っては54秒9から学習をはじめている。どのチームも、バトンパスがバラバラの止まった状態で行われていたのだ。

ここから学習がはじまる。子どもたちはバトンパスを＜止まった状態＞から＜トップスピード状態＞でなめらかに行うことができるようになるためのスタートマークの発見を、鬼ごっこ形式で遊びながら学んでいく（詳細は、70ページ参照）。そして、足の遅い子がトップスピード状態でなめらかにバトンパスをする様子を子どもたちに見せる。すると、子どもたちの表情がみるみるかわっていく。「足の速い子だけが活躍する」という固定的な見方が大きく揺さぶられる瞬間である。

子どもたちが固定的能力観で見ているがゆえに「能力差」が歴然

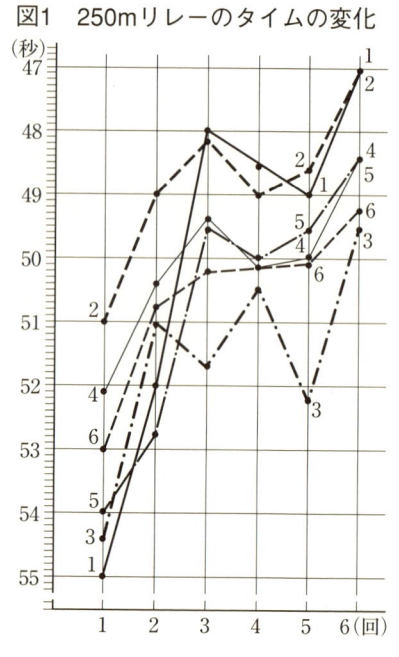

図1　250mリレーのタイムの変化

としている教材だからこそ、はじめて担任した子どもたちに筆者はリレー走やハードル走教材をぶつける。子どもが抱いている「運動のうまい子はよりうまく、苦手な子はそれなりに」という固定的能力観に強烈な揺さぶりをかけ、共に学び、共に高まるということが決して絵空事でないことを事実で示すのである。

この事実は、子どもたちにとってこれからの学習への基本的認識を新たにする機会となる。誰もが高まっていけるということ。そしてその高まりは、仲間と共に学ぶことによって実現するということ。この学習観を子どもたちに知ってほしいために、筆者は1学期最初の授業をリレー走やハードル走教材ではじめるのである。

2 みんなで「わかる」こと

　共に学び共に高まるためには,「できる・できない」でお互いの能力を見ている関係から, なぜできたか, なぜできないかを「わかる・教え合う」関係へと変化させていく必要がある。つまり,「できる」楽しさを「みんな」のものにするために, 自分たちの運動を分析し, できるようになる「理由」を見つけ, その理由を互いに教え合い, 学び合い, みんなでできるようになっていくことがめざされなければならない。このような関係になれたとき, 仲間の存在は, みんなのための運動技術を創り出していくかけがえのないものとなる。

　先の小学4年生のリレーのタイムのグラフをもう一度見てほしい。ほとんどのチームが第3回目までタイム短縮を順調に実現してきたが, 3回目以降はタイムの伸びが一度下がっている。バトンパス技術の「壁」に子どもたちが直面したのである。

　つまり,「スタートマーク」という技術だけでここまでタイムを短縮してきたが, それだけではこれ以上のタイム短縮はむずかしく, 次なる運動技術を学ぶ必要が生まれたのである。このため, 子どもたちは「スタートマーク」以外にどうすればタイム短縮が実現できるのかを探究する必要に迫られた。そして, トップスピードでバトンパスをするためには,「バトンの渡し方, もらい方」も上手になる必要があることを発見し, この技術学習に取り組んでいった。その結果が第6回目の伸びとなっている。

　最後のリレータイムトライアル。タイミングのよいスタートを切る仲間の姿に見ている子どもたちから感嘆の声があがり, なめらかなバトンパスに「うまい」と声がもれる。そしてゴール。タイム発表。「やったー, 新記録だ」の歓声がわき上がり, 子どもたちは喜びを爆発させる。どのチームもタイムの伸びが一度下がり, バトンパス技術の「壁」に直面し, それを「わかり, できる」ことでのりこえたのだ。この喜びは, リレーに勝った負けたで喜んでいるレベルとは大きくちがう。

3 みんなで「創る」こと

「わかる」ことは、このように現代のスポーツがもっている「能力の高い者が楽しむ」という考え方から、「みんなで楽しむ」という未来の運動文化へとかわっていくために大きな役割を果たす。

子どもたちは、スポーツの世界では結局は運動能力の高い者が楽しむのだ、そうでない者が楽しむためにはつらい練習をしなければ無理なのだと考えている。そして、上手になるためには反復練習第一と思い込んでおり、科学的に運動を見ようとは考えていない。みんなの運動文化を実現していくためには、この価値観をかえていく必要があり、そのもっとも重要なポイントは、運動文化の「創造性」や「社会性」を、「わかる」ことや「考える」ことの中にある。

さらに、学校教育が、子どもの感性的直感を土台としながら、直感を科学的論理的認識に高めることにより「真実」を見ぬき、非科学的なものの見方にだまされない人間的価値観や思考力を形成することをめざしているのであれば、体育科においてもこのような科学的論理的認識力がめざされなければならない。

そして、このような「わかる」こと「考える」こと中心の学習によって、子どもたちは、運動文化の基礎教養を獲得していくのであり、生涯にわたって運動を楽しむ主体的能力を身につけていくのである。また、そのような運動文化に対する主体的働きかけが、運動文化をより文化性の高いものに高めていくのである。

もう1つ事実を示そう。次ページの図2は、5年生ハードル走のタイムの変化を示したグラフである。3回目以降のタイムの変化（第1、2回目は、低いハードルでタイムをとったために好記録となっている）を見ていただければ明確なように、はじめのタイムが速かった子も遅かった子も全員がタイムを短縮させていることがわかる。しかも、はじめのタイムが遅い子の方がその後の伸びが大きい。

つまり、ハードル走という教材の技術を子どもたちが「わかり」、その技術を互いに学び合うことで、全員が「できる」ようになっているの

である。しかも走力がはじめ劣っている子ほど大きく伸びている。

この事実を知ったときの子どもたちの驚きは大きい。誰もが高まることができ，それも下手だと思っていた者ほど伸びていける。しかも，それまではくり返しの練習量がものをいうと思っていたのに，仲間の運動を分析し，うまくなるための理由を見つけ，「わかる」ことで，誰もが上手になっていく。

さらに，ハードル走のタイムの変化のグラフからは，4時間目からの

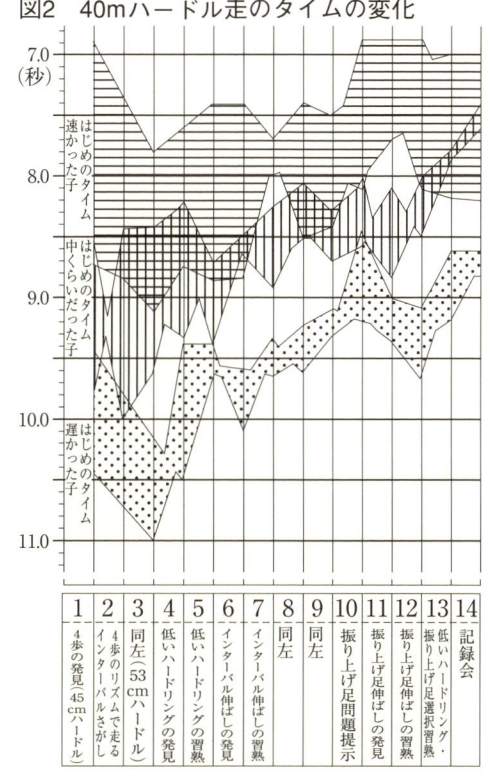

図2　40mハードル走のタイムの変化

「低いハードリング」，6時間目からの「インターバル伸ばし」，10時間目からの「振り上げ足伸ばし」などの学習内容が「わかり，できる」ことで，子どもたちのタイムが1レベルずつ上がっていることが読み取れる。子どもたちの高まりが，1つ1つのハードリングの技術を「わかり，できる」ことによって導かれていったことを，グラフは示している。

子どもたちはハードリングの学習によって，まちがいなく「できる」ようになっていくし，それは仲間たちと共にハードリング技術の科学性を「わかる」ことによって実現したのである。そしてその変化は，「わかる」こと，「考える」ことを中心とした学習によって導かれているがゆえに，運動文化のすばらしさを知るとともに，これからの「みんなのための運動文化」を創るための知識と感動を育むこととなるのである。

2 陸上運動で育てたい力

① 現代スポーツの光と影

　2007年10月5日，陸上競技界の女王といわれたアメリカのマリオン・ジョーンズ選手がドラッグ使用を証言し，3つの金メダルを含む5つのメダルを自ら返還した。スポーツがもつ「より速く，より高く，より強く」という目標がドーピングによって侵食されている象徴的な出来事といえよう。また，アメリカを中心とするプロスポーツ界においては，ドーピング問題はさらに広範かつ深刻なものとなっている。

　このように，現代スポーツは「より速く，より高く，より強く」という目標を追求するがあまり，いま危機的状況におちいっている側面をもっている。つまり，運動文化による人間の可能性を極限まで追い求めることの危うさの前で，現代のスポーツは「終わりの始まり」（中村敏雄『近代スポーツの実像』創文企画，2007年）を迎えているのではないかとさえ言われている。

　現代のスポーツはこのような影の部分，課題をもっている。しかし，運動文化は人間としての可能性を開花させてくれるものでもあるということを，子どもたち「みんな」に学んでほしい。それは，「今まで」の陸上運動界の人間にとっての価値や課題（文化性）を認めた上で，「今後」の陸上運動がより人間的なものへと発展してほしいと考えているためである。現在の陸上運動が過去の歴史の中でかわってきたように，今後も陸上運動はかわり続けるし，その「変化」について考えられる子どもたちに育ってほしいと願うためである。そのような子どもたちを育てることは，文化を教え，未来に生きる子どもたちを育てる学校教育の使命なのだと思う。

　人間は，「身体活動」を食べるためや物を得るための手段としていたが，やがて運動すること自体に価値を見い出し，「運動文化」を創り出してきた。そして多くのものを人間は運動文化によって得てきた。しか

し，それら得てきたものの中には，先のドーピング事件の例にある勝利至上主義や，優勝劣敗の思想，さらに利潤追求優先主義という考え方も含まれていた。

　そして，スポーツと環境の問題で言えば，子どもたちにスポーツのおもしろさを教え，人間としての可能性を高める意欲を育てれば育てるほど，森がスキー場やゴルフ場にかわり，海や山は人間にとってのスポーツ欲求を満足させる場となっていくとも言える。このような矛盾も，現在のスポーツはもっている。そして，このような矛盾をのりこえていくためには，運動能力の高い者だけのスポーツという考え方ではなく，誰もが運動文化の価値を経験できる「みんなの運動文化」という考え方への発展が必要となる。

　「みんな」という考え方を基盤とすることによって，「勝ち負け」よりも「みんなで高まる」ことに価値をおいた運動文化・スポーツが盛んになり，一部の能力の高い者のための施設ではなく，みんなで楽しめる運動・スポーツ施設を増やしていくことが当たり前になっていくだろう。そして，スポーツはみんなでいっしょに楽しんでこそ価値がある，という価値観を創り出し，それによって人間自身が本当の意味で豊かになっていくことをめざしたい。さらに，そのような考え方は，やがて人間だけでなく地球上のすべての生命を視野に入れた「共存」をめざす価値観形成へと広がっていく。

　このような視点から陸上運動のおもしろさを考え，子どもたちとともに陸上運動という運動文化の発展を考え，試行していくことが，未来を創る教育という営みの責務といえよう。したがって，運動文化やスポーツが人間にとってどのような価値をもち，今後どのように発展していくかを考えるとともに，「みんな」という視点を常にもっている子どもたちを育てることをめざしたい。本書で常に「みんな」を強調するのはそのためなのである。

2　陸上運動の特質と基礎技術

　くり返し述べるが，今後の運動文化やスポーツにとって「みんな」という視点はとても重要になってくる。そこでは，運動能力の高低に関係なく，誰もが運動文化の文化性を享受できる競技形式やルールが求められる。

　学校体育研究同志会（以下，同志会と略す）では，「みんなの運動文化創造」をめざす中で，走・跳・投のすべてを包括する陸上運動の特質を「リズムの変化を含んだスピード・コントロール」ととらえ，その基礎技術を「腰の回転を伴うキック」と規定してきた。（同志会『陸上競技の指導』ベースボールマガジン社，1972年）

　また，このような陸上運動の特質と基礎技術のとらえ方にもとづいて，短距離走の「スピード曲線」「ストライド曲線」「足跡ライン」などを測定する「田植え学習」による短距離走教材や障害走教材などが開発されてきた。

　さらに，最近の実践研究では，走運動（障害走を含む）の基礎技術を「ピッチとストライドの支配」と考えるとともに，跳運動では，「ふみきり支配」の技術を中心に「助走」と「ふみきり準備（走から跳への移行）」の技術が結合したものとして基礎技術を考えようとしている。

　このような基礎技術の見直しと発展によって，跳運動における「助走」や「ふみきり準備」の技術学習に，走運動で学習した「ピッチとストライド支配」の技術が発展的に生かされようとしている。また，投運動についても「投てき物の投射・振り切り」を中心に「助走・グライド・回転」と，「投射・振り切りへの移行」の技術が結合したものとして考えられている（同志会宮城支部「陸上・水泳の授業づくりハンドブック」『たのしい体育・スポーツ』学校体育研究同志会編，2005年7月号）。

　こうした陸上運動の技術指導研究は，小学校段階では次のような発展の見通しを生み出している。

　① 低学年
　・未分化で総合的な走・跳・投のあそびの中で，子どもたちの基礎的

な運動感覚（姿勢コントロール，スピード・リズムコントロール）の耕やしをねらいとする。
・教材は，就学前の生活の中で身につけてきた歩・走・跳の運動の耕しをかねて，おもに折り返しリレーとハードル走を扱う。

② 中学年
・おもに走・跳の運動能力を耕す中で，中学年の子どもの挑戦欲求，達成感を満足させるとともに，運動技術の仕組みについて「わかり，できる」学習をねらいとする。
・教材は走運動のリレーを中心教材として，ハードル走なども扱う。

③ 高学年
・運動が「できる」学習から「わかる」学習へと比重を次第に移し，運動技術の仕組みについて「わかり，考える」こと，また「みんなで楽しめる」競技会の企画・運営をねらいとする。
・教材はハードル走を中心教材として，持久走（ペースランニング）や幅とびなどを扱う。

3 年間計画づくり

　本書では，陸上運動で扱うべき教材を一通り紹介しているが，上記の技術指導の発展を大切にすると，低・中学年＝「リレー教材」，高学年＝「ハードル走教材」「持久走教材」を重視するのがよい。
　つまり，小学校陸上運動では上記の3教材が重点教材となる。このため，この重点教材には十分時間をかけて指導する必要がある。十分な時間をかけるということは，子どもたちみんなが「できる」「わかる」を達成するということであり，このためには授業回数10回をこえる大単元で学習を行う必要がある。逆に言うと，5回程度の授業回数では，子どもたちが「できる」「わかる」を実感する前に学習が終わってしまい，単に「やっただけ」の授業となる。
　したがって，子どもたちに本当の学力を育てようと考えたら，本書で紹介している教材をまんべんなく指導することはさけるべきであり，上

記の重点教材を中心にしっかりと子どもたちの「学力を育てる教材」と，中学校で本格的に学ぶために「経験させておく程度の教材」を明確にして年間計画をつくる必要がある。

Ⅱ 授業の手順と方法

Ⅰ章では，陸上運動教材で「育てたい力」と教えたい「指導内容」を提示してきた。この章では，指導内容をどのような方法で指導するか，という授業の進め方を45分間の流れにしたがって紹介する。

1 自ら学ぶ（主体性）

　授業は，「子どもたちが自ら学ぶ力（主体性）」を育てることを重点に行う。このため，基本的に子どもたちが考え，上手になるための方法を見つけ出し，自分たちで確かめていくように授業は進めたい。体育の授業というと，教師の笛の合図で子どもたちが整然と動く様子をイメージしがちだが，教師の指示にただ従うような授業では子どもの主体性は育たない。子どもたち自身が陸上運動のすばらしさを自ら学び取り，互いに認め合い，高め合えるように育てたい。
　第1に，子どもたちに学ばせたい指導内容が教師の教材研究によって明確になっている必要がある。「バトンパスのためのスタートタイミング」などのように，何を学んでほしいかがはっきりしていなければ，子どもたちはお互いの運動の「どこを見合う」のかがわからず，上手になるための方法を見つけ出すことはできない。
　第2に，子どもたちの「学びのプロセス」によりそった指導が，ていねいに行われる必要がある。たとえば，リレー走における重点「バトンパスのタイミング」に着目することを，子どもにまかせてもむずかしい。このような内容は，教師が提示したり具体的に助言する必要があり，逆に子どもたちが創意工夫できることは子どもたちにまかせて教師が共に学んでいくのである。
　第3に，子どもたちが学んだ成果を子どもたち自身が確かめ，まとめていく「子どもたちの手による評価」がめざされるとよい。たとえば，

リレー走で自分たちのタイムがなぜ短縮できたのかを子どもたち自身が振り返り，「わかったこと」「できたこと」をまとめ，交流してみんなの知識としていくようなことがあげられる。教師が子どもたちの学びの過程をビデオ撮影しておき，変化の過程を編集して子どもたちに提示できると，子どもたちはとても喜ぶとともに，教師が驚くほど「わかったこと」「できたこと」をリアルに振り返っていく。総合的な学習としても取り組み，下学年の子どもたちへの発表会などができると，学習成果は子どもたちの学校文化として継承・蓄積されていくだろう。

2　学びと指導の過程

　次に学びの過程と指導のポイントについて高学年のハードル走（ハードリング技術の学習）を例に示す。

1．準備

　次ページの図1は1チーム分のハードルを準備した場合の図であり，各チームのコースには4，5，6，7m（6年生では5，6，7，8m）のハードル間の距離を示すポイントが打ってある。子どもたちによってこのようにハードル間の幅（インターバル）を選択できるようにしておくことは，この授業の基礎にあたる。したがって，このインターバルのポイント打ちは子どもたちとともに障害走の授業に入る前にしておかなければならない（ポイントのつくり方は図参照）。

　ハードル走の学習では，各チームに4台のハードルが必要になる。運動できる服装に着がえたチームから各チームのコースにハードルをセットできるように，はじめの時間に指導しておくとよい。

図1　グループ学習のコース図（40mハードル走）

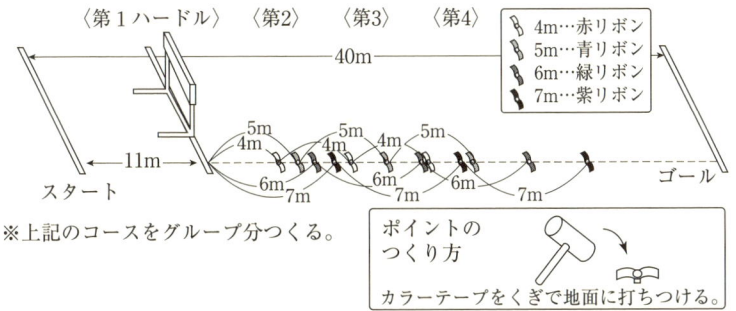

2. 準備運動

　準備運動は，ストレッチ的な運動を体育係を中心に行う方法と，各チームごとに行う方法の2つがある。最初は，ハードルをセットしたら全員が集まり，体育係を中心にして同時に準備運動をすることからはじめ，慣れてきたら各チームにまかせていくとよいだろう。体育係を中心に行う場合も，運動に合った音楽を用意し，CDなどで流しながら，はじめは教師が運動の方法を紹介し，しだいに体育係だけでできるようにしていくとよい。

　準備運動は，その時間に学習する運動に合わせて行うべきである。はじめは一律の準備運動をしたとしても，そこから徐々に「学習する運動に合わせた準備運動」ができるように指導していく必要がある。目的意識をもった学習ができる子どもたちを育てることにもつながる。

3. 学習課題の提示

　ハードル走の「インターバル伸ばし」を例に学習課題の把握について説明する。

　読者のために，あらかじめ「インターバル伸ばし」にはどのような効果があるのかを提示しておく。

> 「インターバル伸ばし」の効果
> 　低いハードリングで，インターバルを伸ばすと，歩幅が広くなった分タイムが縮まる。

課題提示
　今日の学習課題「低いハードリングをさらに工夫して，速く走ろう」
① 　「4歩のリズム」「低いハードリング」が速く走るために有効な技術であることを知った子どもたちに対して，教師から上記の課題を提示する。
② 　この課題提示の後すぐに，4の「問題（発問）」を提示してもよいし，この課題を提示した段階で「工夫」について子どもたちに考えてもらってもいい。
③ 　子どもたちに考えてもらう場合は，「低いハードリング」をさらに工夫することとは何かを考えながらハードルコースを走ったり，仲間のハードリングの観察から「工夫」について考える。

❖ **指導のポイント** ❖
　この「課題の提示」を子どもたちに考えさせることは，ただ漠然と走ったり見たりすることにおちいる危険性もある。したがって，子どもたちが「発見的学習」になじんでいる場合には，まずは子どもたちに考えてもらい，子どもたちがどのようなことを工夫するかを見きわめながら，次の「問題（発問）」へと発展させるとよい。逆に子どもたちがこのような学習に慣れていなければ，「課題提示」の後ですぐに「問題（発問）」の提示をするとよい。

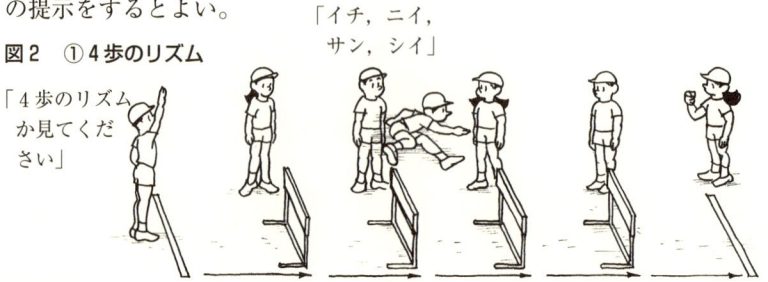

図2　①4歩のリズム

「4歩のリズムか見てください」

「イチ，ニイ，サン，シイ」

②低いハードリング

振り上げ足がハードルの直前にきている

ふみきり

4. 問題（発問）

　学習課題の提示を受け，試しの運動がされた場合には，子どもたちが考えた「工夫」について発表を聞き，教師がまとめながら「問題」を提示する。ただし，前項でも断ったように，この指導方法は高度な指導技術を必要とする。子どもたちが考える「工夫」への予測と発表をまとめ，「問題」へと導く助言ができなければならない。

問題（発問）提示
　　ア．範囲の広い発問
　「低いハードリングのほかに，『あること』をするとタイムは縮まります。『あること』とは何でしょうか」
　　イ．範囲の絞られた発問
　「低いハードリングで，『インターバルを広くする』とタイムに変化が起きるでしょうか」
　問題（発問）提示にも，上記の2種類が考えられる。
　アの場合は，子どもたちの考えがいろいろ出されるよさがある反面，焦点がはっきりしないため，子どもたちがどこに着目したらよいかわからなくなることが予想される。一方，イの発問は，具体的で，焦点を絞って子どもたちが試すことはできるが，自由な発想というわけにはいかない。
　「インターバルを広げると，歩幅が伸び，タイムが縮まる」という結論を導く上で，子どもたちにどのように自主的に発想させ，試し，確か

めさせるのかが，子どもたちと教師の「ドラマ」づくりのポイントとなろう。

したがって，この部分は子どもたちの実態に応じて授業を構想していけばよいのだが，一般的には，まず範囲の広い発問をしておき，子どもたちの様子からモデルの子（インターバルが狭い子と広い子）に走ってもらうなどして，範囲の絞られたイの発問へと移っていくとよい。

図3　インターバルが狭い子（点線）と広い子（実線）のハードリング

5. 試しの運動

ここではイの発問内容によって，「インターバルを広げること」がタイム短縮につながるかどうかを，自分たちで「試し」てみることになる。

<チーム実験>

インターバルを広げることによってタイムは短縮されるのだが，歩幅を広げることは子どもにとっては負担となる。このためチーム実験にあたっては，「低いハードリングがよくできている子」を実験対象に選ばせることが大切である。

インターバルの広げ幅も，いきなり1m広げるのでは負担が大きいので，50cm幅（インターバルマークとマークの間）に広げ，ハードリングが速くなっているかどうかの観察と，タイムの比較をさせるとよい。

　＊このチーム実験で，後の「確かめ（足跡実験）」で使う足跡調査を
　　させ，歩幅が広くなることを理解させる方法もある。

6. 発表

各チームで試した実験結果を発表してもらう。この発表では，チーム

によって先の歩幅伸ばしによる負担のために，タイムが縮まらなかったという実験結果も出る場合がある。その結果も事実として認めた上で，次の「確かめ（足跡実験）」を行う。

7. 確かめ（足跡実験）

① 低いハードリングができている子で，インターバルを1m伸ばしてもフォームが乱れない子を教師が指名し，2種類のインターバル（例えば5mと6m）コースで走ってもらう。

② 2種類のインターバルコースの第1ハードルと第2ハードルの間で足跡調査をする。

＜足跡調査＞

ア．はじめに狭いインターバルコースを走ってもらい，第1ハードルと第2ハードル間の足跡上に赤い玉（運動会の玉入れ用）を置く。

イ．次に広いインターバルコースで走ってもらい，同じように第1ハードルと第2ハードルの間の足跡上に今度は白い玉を置く。

③ 広いインターバルコースの方が，ハードルとハードルの間のインターバルが広い分，足跡の幅（歩幅）が徐々に広くなっていることを比較して確認する。

④ 歩幅が広くなっても，1歩分の動作をする時間はほとんど変わらないことを説明し，インターバルを広げ歩幅を広くした分，速くゴールできることを理解させる。

図4　5mインターバルの足跡図と6mインターバルの足跡図

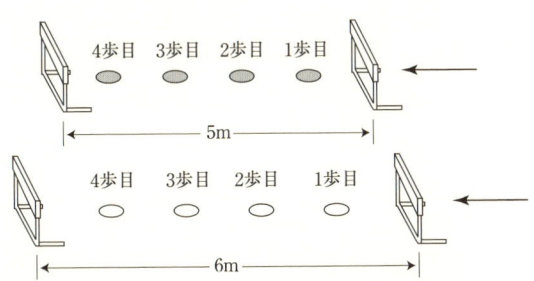

8. 練習

　ここで紹介したのは,「低いハードリングで,インターバルを伸ばすと,歩幅が広くなった分タイムが縮まる」という「インターバル伸ばし」での指導内容であるが,このような学習の場合は,「確かめ」の後に「練習」する時間をとることはむずかしくなる。このため,低いハードリングの技術の獲得によってインターバルを伸ばすことは,次の時間の課題となるだろう。ただ,このような学習の流れによって子どもたちは,どうすれば速く走れるようになるかを,知識として理解しているため,「練習」に対する意欲はとても高いものとなるし,子どもたちの「練習」に対する期待も大きくなる。

　さて,ここまでの授業では,「わかる」ことが強調された。したがって,子どもたちは「ハードリングの技術」という,誰もがことばや理論によって理解できるものがあることを仲間の事実から学んできた。そして,この「わかる」ことによって誰もが高まれるようになるであろうという期待をもつようになっている。

　しかしここで押さえておかなければならないのは,「わかる」と「できる」には落差があるということ。つまり,誰もが上手にはなれるのだが,「できる」ようになるには,「できる」ための個人的な変化を必要とすることを理解させる必要がある。そして,ここが重要な点だが,この個人的な変化を引き起こすためには,「わかる」ことをもとにしながら,仲間とともに互いに個人的な課題をのりこえるための助言をし合う必要があることを理解させなければならない。

　「わかる」ことは,子どもたちに見通しを与え,意欲的な取り組みを導くし,「わかる」ことをもとに仲間や自分のハードリングを分析することができるようになる。ただし,この「わかる」ことをもとにしても,「できる」ために学ばなければならないことは,一人ひとり違う個人的な内容であり,しかもその個人の課題や内容の身体によるわかり方にも一人ひとりに違いがあるのだ。

　「練習」で子どもたちが取り組むのは,このようなハードリング技術

の理解にもとづく，ことばで説明しきれないような小さな発見と，自分の身体でわかることなのである。

9. タイムトライアル

「練習」によってできるようになったことを，タイムトライアルで試す。「練習」には変化を引き起こすための時間が必要だから，このタイムトライアルですぐにタイムが短縮されなくてもよい。タイムトライアル後の「まとめ」によって，「身体でわかった」ことをしっかり記述し，次の練習で何を意識しながら走るかが明確になっていけばよいのである。

10. まとめ

知識として理解したことを学習カードの「わかったこと」の欄に書き，身体でわかったことや感想を「感想」の欄に書く。

この学習後の「まとめ」によって今日の学習を振り返り，わかったことや感想を「文として書く」ことは，子どもたちの運動に対する学習力を大きく引き上げていく。「書かせる」か「運動するだけで終わらせる」かの差は大きい。

時間的にむずかしい場合もあるだろうし，最初は子どもたちも書くことをおっくうがるかもしれない。しかし，書かせていけば，しだいに子どもたちは慣れていくし，だんだんと書くことによる自己分析を楽しむようになる。

今までの実践経験では，この書かせる作業を必ず行っていくと，そのうち子どもたちが書くことを要求するようになる。教師のつごうで「今日は書かなくてもいい」といっても，子どもたちが納得せず，時間的な保障ができないときなどは，家で書いてくるようになる。

Ⅲ　陸上運動の内容と指導のポイント

 陸上運動の基礎となる運動

1　歩く運動

(1) いろいろな歩き

①背筋を伸ばして歩く
　手を振ってまっすぐ歩く。

②大またで歩く
　大またでしっかり歩く。

③小またで歩く
　ひざをまげないで，小さくリズミカルに歩く。

④ふみつけて歩く
　ゆっくり強く歩く。

⑤ももを高く上げて歩く

⑥横に歩く

  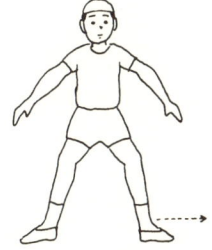

⑦しゃがんで歩く　　⑧しゃがんで　　　　⑨中腰で歩く
　　　　　　　　　　　横に歩く

(2) 動物歩き

①イヌのように歩く　　②カエルのように歩く　　③アヒル歩き
　手のひらに体重をの　　低くはうように歩　　　つま先で歩く。
せて歩く。　　　　　　く。

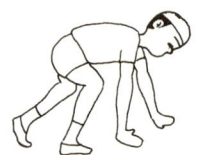  

④カンガルー歩き　　　⑤カニ歩き　　　　　　⑥カメ歩き
　中腰で軽く前にと　　両足の内側から腕を　　ひじをついて歩く。
ぶ。　　　　　　　　入れて足首をつかむ。

動物歩き

⑦上向きカニ歩き

前後左右に歩く。腰を伸ばして平らになる。

⑧カエルとび

前方に軽くとんでいく。

⑨アザラシ

腰を伸ばして両手で歩く。

(3) コースを決めて歩く

①直線上をまっすぐ歩く

②曲線上を速く歩く

線の上を足ばやに歩く。

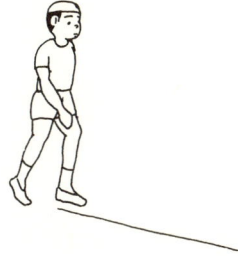

③ジグザグや回旋をしながら歩く

コースをつくって歩く。いろいろな歩き方を工夫する。

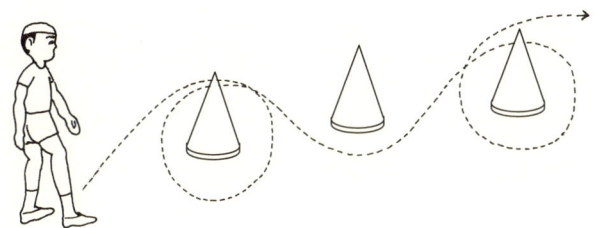

④長いコースを速く歩く

校庭のコースをならんで歩いたり，自由に歩いたりする。

2 走る運動

(1) いろいろな走り方

①ふつうに走る

②大またで走る
歩幅を広げて走る。

③小またで走る
小さくリズミカルに走る。

④ももを高く上げて走る

⑤物のまわりを走る
重心を内側にかたむけて走る。

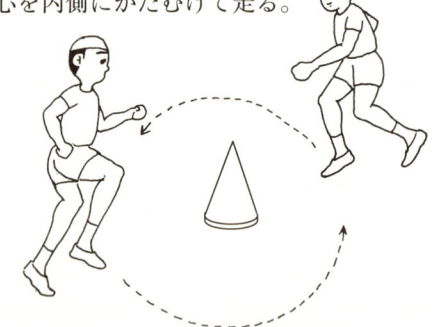

⑥腰をまげて走る
地面に線などを引きながら走る。

⑦足を高くけり上げて走る

⑧足を前後に振りながら走る

(2) リズミカルに走る

①スキップで走る　　　　②ケン・パで走る

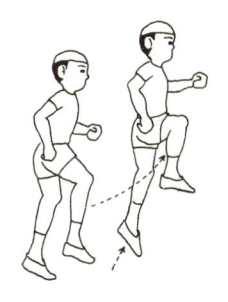

③ギャロップで走る　　　④3拍子，4拍子に合わせて自由に走る

⑤ウサギとびで，リズミカルに進む

　高くとんで両手をつき，同時に両足をはね上げる。両足を引きつけると同時に両手をつきはなして，上体を起こす。

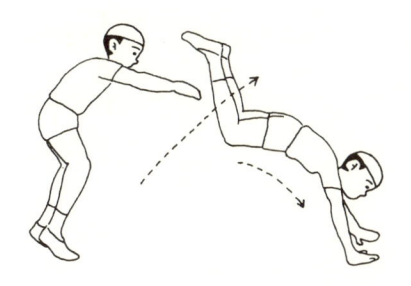

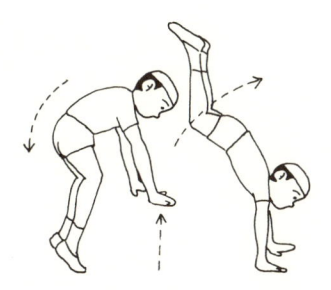

(3) いろいろな姿勢からスタートして走る

①長座の姿勢から走る

前向きで立ったらすぐスタートする。

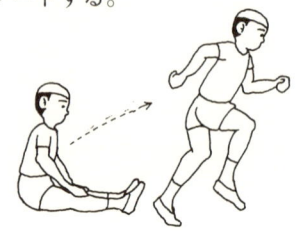

後ろ向きで立ちながら向きをかえてスタートする。

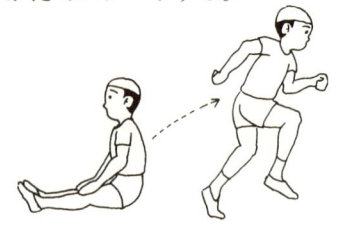

②うつぶせの姿勢から走る

前向きで立ち上がったらすぐスタートする。

後ろ向きで立ちながら向きをかえてスタートする。

③あお向けの姿勢から走る

前向きで立ち上がったらすぐスタートする。

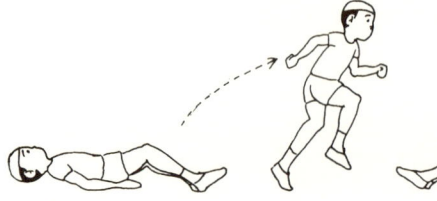

後ろ向きで立ちながら向きをかえてスタートする。

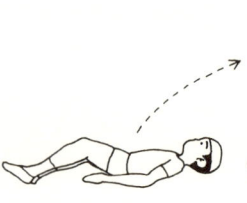

Ⅲ／❶陸上運動の基礎となる運動　37

④腕立てふせの姿勢から走る

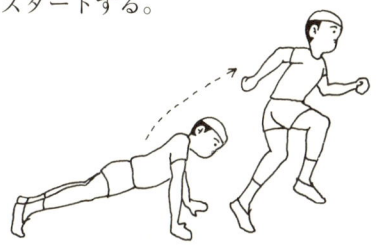

　前向きで立ち上がったらすぐスタートする。

　後ろ向きで立ちながら向きをかえてスタートする。

⑤座った姿勢から走る

　前向きで立ち上がったらすぐスタートする。

　後ろ向きで立ちながら向きをかえてスタートする。いろいろな座り方を工夫する。

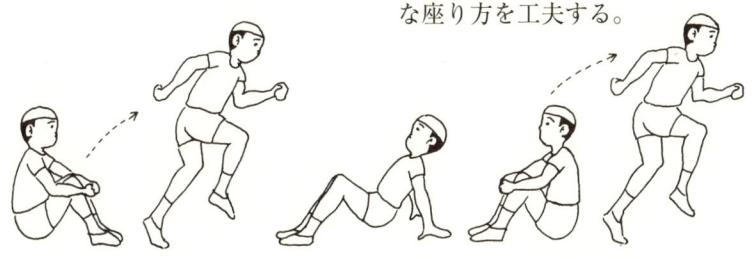

⑥スタンディングスタートで走る

　前向きですぐスタートする。

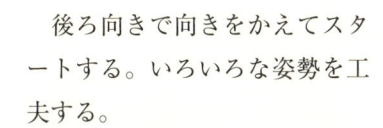

　後ろ向きで向きをかえてスタートする。いろいろな姿勢を工夫する。

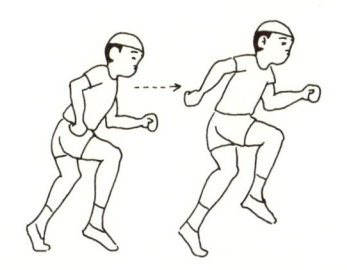

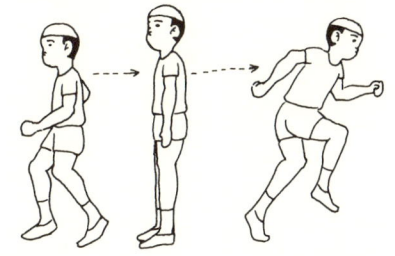

(4) 短い距離を速く走る

①追いかけ競争
　3mくらいはなしてスタートラインを2本つくり，同時にスタートして前の人を追いかける。ゴールに入るまでに追いつかれてつかまると，アウトになる。

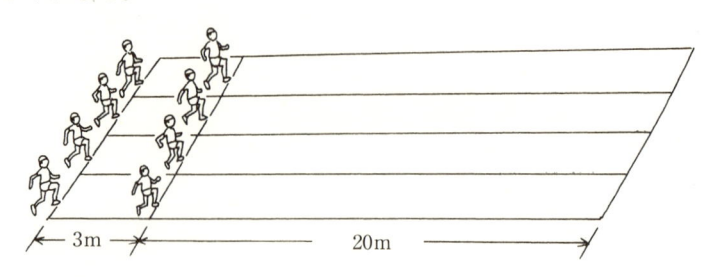

②コーンとり競争
　5人でスタートする。ヨーイドンでスタートし，前方のコーンをすばやくとる。コーンをとれた者どうし，とれなかった者どうしで再度走る。

③陣とり競争
　若い番号の陣地をねらってすばやく走る。

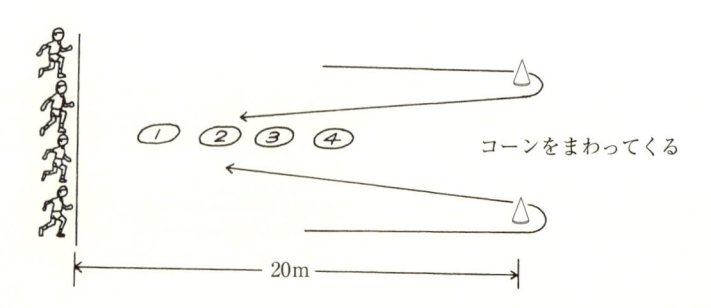

コーンをまわってくる

(5) 長い距離を続けて走る

① 2～3分間をならんで走る

みんなでならんでゆっくり走る。運動場を大きくまわる。

体の調子の悪い子を事前にチェックして，走る速さや時間を調整し，無理のないようにする。

② 2～3分間を自由に走る

各自の好きな速さで走る。トラックを走り，時間内（2～3分）にどれだけ走れたかを記録する。速さの競争ではなく，自分の力に合わせて，無理なスピードで走らせない。

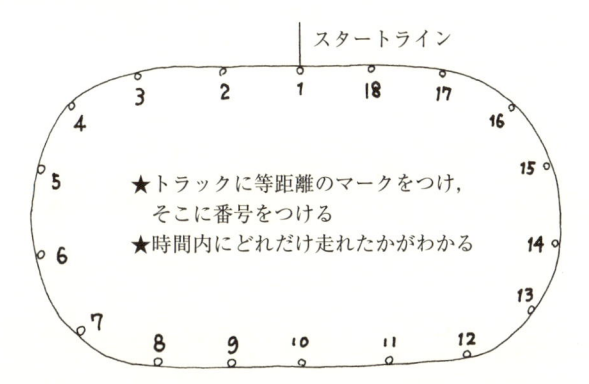

★トラックに等距離のマークをつけ，そこに番号をつける
★時間内にどれだけ走れたかがわかる

a) スタートラインから一斉にスタートした場合は，時間内（2～3分）に何周と何番まで走れたかを記録する。

b) トラック上の各番号のマークのどこからスタートしてもよい場合は，自分のスタートしたマークまで何周したか，また，そこからマークをいくつまで走れたかを記録する。この方法だとどこからでも自由にスタートできる。

③一定の距離を自由に走る(ペースを決める)

　各自の好きな速さで走る。トラックを何周するかを決めて走る。
一人ひとりのタイムを測定して，各自のペースをつかませる。
そのペースを守りながら走るようにする。

④ペースを同じにして走る(グループで)

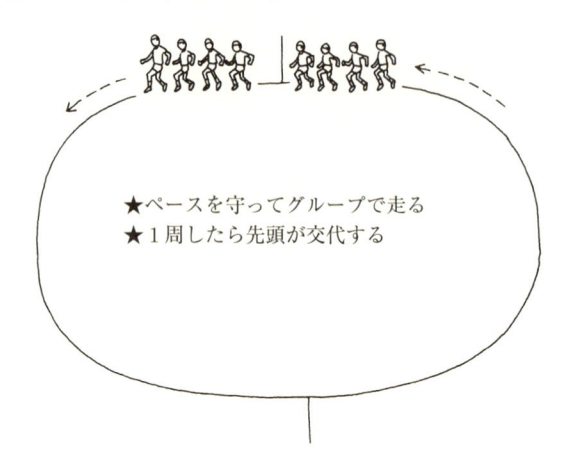

★ペースを守ってグループで走る
★1周したら先頭が交代する

⑤コースをかえて楽しく走る

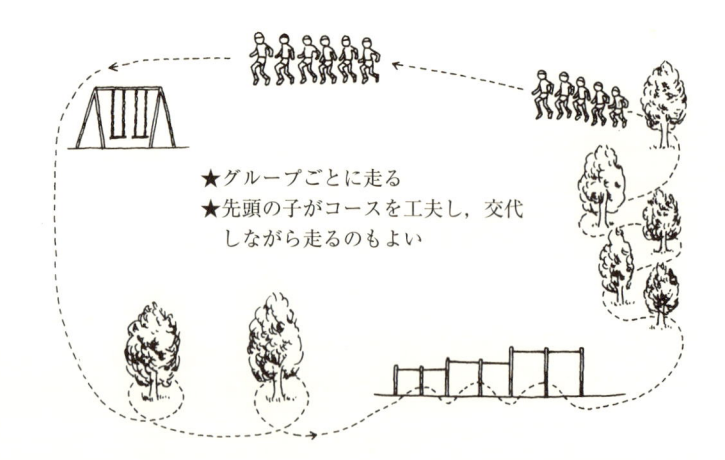

★グループごとに走る
★先頭の子がコースを工夫し，交代しながら走るのもよい

3 とぶ運動

(1) いろいろなとび方

①連続両足とび　②前後左右にとぶ　③開脚閉脚でとぶ

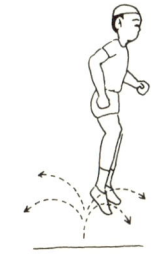

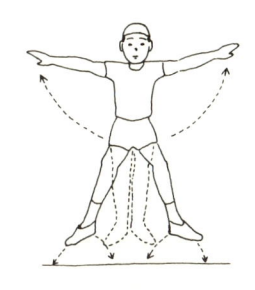

④高くとぶ

　１，２，３の合図で「３」で高くとぶ。

⑤高くとんで足をちぢめる

　同じく「３」で高くとぶ。

⑥高くとんで半回転する

⑦高くとんで１回転する　⑧高くとんで手をたたく　⑨高くとんで足を打つ

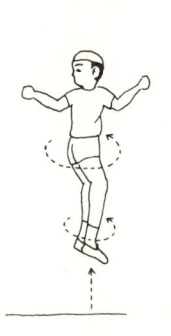

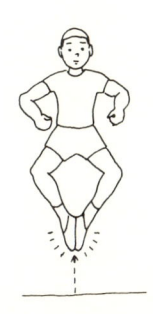

(2) 幅とびをする

①片足で立ち幅とびをする

②両足で立ち幅とびをする

③3歩助走で走り幅とびをする

イチ　ニイ　サーン

④物をとびこす 1

両足でとびこす。

ミニハードル

⑤物をとびこす 2

片足でとびこす。

3歩くらいの助走をする。

Ⅲ／❶陸上運動の基礎となる運動　43

⑥川とびをする

　いろいろな幅の川をつくり，それを連続してとびこす。

⑦ふみこしをする

　遠くまでとぶ。

⑧連続とびこしをする

ミニハードル

(3) 高とびをする

①ゴムとびをする

その場とび。　　　　　　　　　2～3歩の助走でとぶ。

★両足ふみきりでとぶ　　　　　★片足ふみきりでとぶ

②その場とびで高さを比べる

1) 壁に向かって直立し，片手を伸ばして指先に印をつける

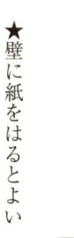

2) その場ではずみをつけてとび上がる

3) 手のとどくところに印をつける

★壁に紙をはるとよい

★前の印との間の長さを測る

③2～3歩助走してその場とびをする

上から下げてあるものに手をつく。

壁と平行に2～3歩助走して上のようなその場とびをしてみる。

4 障害走の工夫

(1) とびこしていく障害

①ミニハードルを使った障害走コース

ミニハードルを置いて，それをとびこして走る。ミニハードルの間隔は走って3～5歩程度にする。

★ミニハードルがないときは，たおしたハードルを用いる

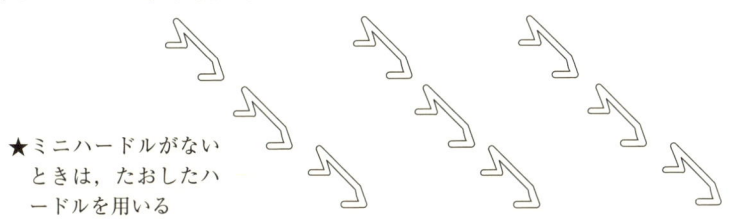

②川をかいた障害走コース

等間隔で川をかき，それをとびこして走る。

★川の幅は1～2mで楽にとびこせる程度にする

★この間は走って3～5歩程度にする

★線で川をかいたり，ひもを置いたりする

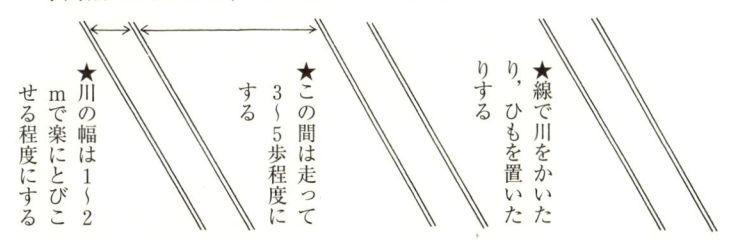

③輪を使った障害走コース

ほぼ等間隔に輪を置き，そこをとびながら走る。大またでとんでいける程度に輪を置く。

(2) ジグザグや回旋をする障害

①ジグザグのコース

いろいろなコースを工夫する。

a) 広いジグザグコース

b) 狭いジグザグコース

c) 回旋コース

できるだけ小まわりをして走る。

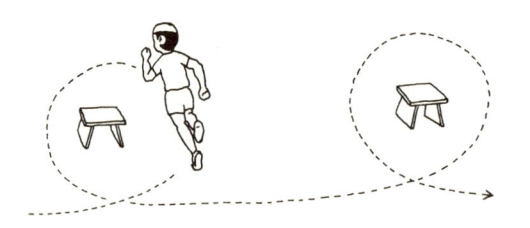

②輪を使ったジグザグコース

a) 輪をはなして置いたジグザグコース

b) ジグザグに置いた輪をとんでいく

（3）くぐったりはったりする障害

①平均台の下をくぐるコース

いろいろなくぐり方を工夫させる。
- 頭から入る方法
- 足から入る方法
- 体を横にして入る方法

②はしごをくぐるコース

すばやくくぐる。

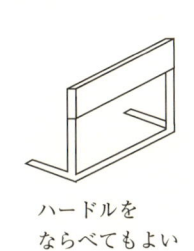

ハードルを
ならべてもよい

③輪やダンボールの箱をくぐるコース

頭からくぐるのが速いか，足からくぐるのが速いか工夫する。

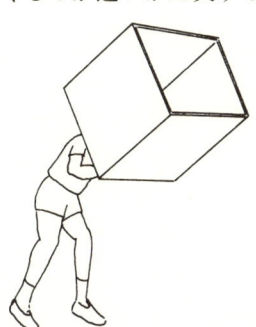

(4) 登ったり，とび下りたりする障害

①とび箱によじ登るコース

高いとび箱を置いて，そこをよじ登り，とび下りる。

②綱や棒によじ登るコース

コースの途中に登り棒を入れておく。適当な高さのところに印をつけておき，それに手をついてくる。

③肋木やジャングルジムに登ったり，下りたりするコース

Ⅲ／❶陸上運動の基礎となる運動　49

(5) いろいろな障害物競走を工夫する(折り返しリレー形式)

〔例1〕

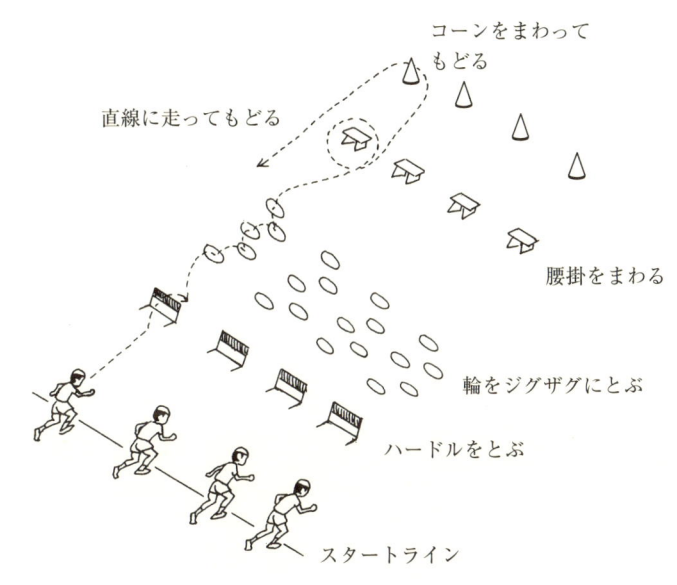

- 直線に走ってもどる
- コーンをまわってもどる
- 腰掛をまわる
- 輪をジグザグにとぶ
- ハードルをとぶ
- スタートライン

〔例2〕

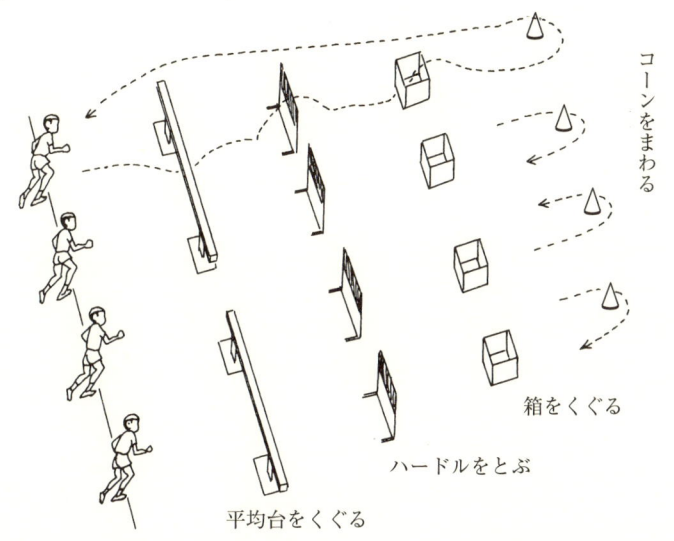

- コーンをまわる
- 箱をくぐる
- ハードルをとぶ
- 平均台をくぐる

5 鬼あそび

(1) 1人鬼

- ・1人が鬼になり，他の子をつかまえたら鬼はかわる。
- ・鬼の帽子は赤にするとよい。
- ・場所を決めてその範囲で行う。
- ・人数はあまり多くせず，2か所で行ってもよい。

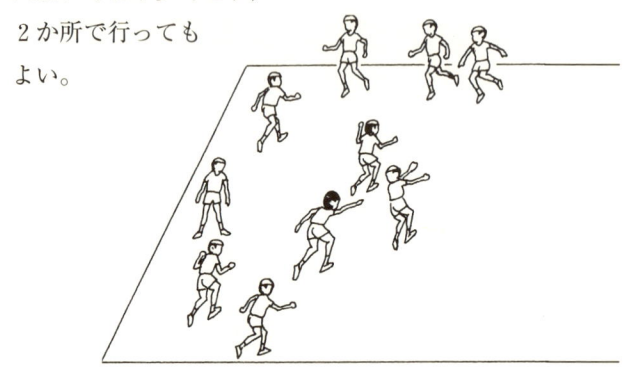

(2) 2人鬼

- ・2人が手をつないで鬼になり，他の子をつかまえたら鬼のうちの1人が交代する。
- ・場所を決めてその範囲で行う。
- ・なかなかつかまらないときは，時間で鬼を交代するとよい。

(3) 手つなぎ鬼

- 2人が手をつないで鬼になり，他の子をつかまえて鬼をふやしていく。
- 鬼が4人になったら，2人ずつの組になる。
- 場所を決めてその範囲で行う。
- 鬼がふえていき，子がいなくなったら終了する。

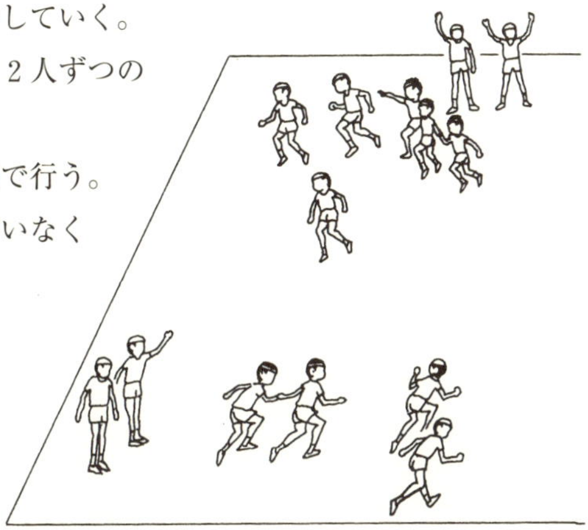

(4) つながり鬼

- つかまった鬼はみな1列に手をつなぎ，つながって長くなる。
- はじめに2人組みの鬼を2組つくっておくと，鬼が2つになってつかまえやすくなる。
- 場所を決めてその範囲で行う。
- 鬼がふえていき，子がいなくなったら終了する。

(5) 2列鬼（ネコとネズミ）

- 約2mはなして平行に2本の線を引く。その線の上に向かい合って2列にならぶ。
- 教師が合図をしてどちらかの列が鬼になり，向かい合っている子をつかまえる。
- 両側10～15m後方に線を引き，そこまで逃げればセーフとなる。
- 合図はどのような方法でもよい。たとえば「ネコ」といったら左の列が鬼，「ネズミ」といったら右の列が鬼になる約束でもよい。

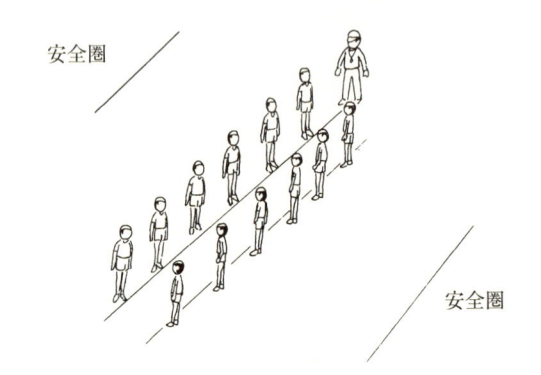

(6) ジャンケン鬼

- 上の図のように2列で向かい合い，向き合っている2人でジャンケンをして，勝った者が鬼になる。
- 子は安全圏まで逃げる。
- 相手を交代しながら行うとよい。
- ジャンケンは，手だけでなく足ジャンケンでもよい。

(7) 川ごえ鬼

- 10〜15m程の川をかく。
- 鬼は川の中にいて、子は一方の川岸にいる。
- 教師の合図で子は川を渡り、向かいの岸に移動する。このとき、鬼は子をつかまえる。
- つかまった子は鬼になり、鬼がふえていき、全員がつかまると終了する。
- 合図はどのような方法でもよい。たとえば「ネコ」と「ネズミ」と「ねぐら」の3つのことばのうち、「ネズミ」といったら川ごえをするという約束をしておく。

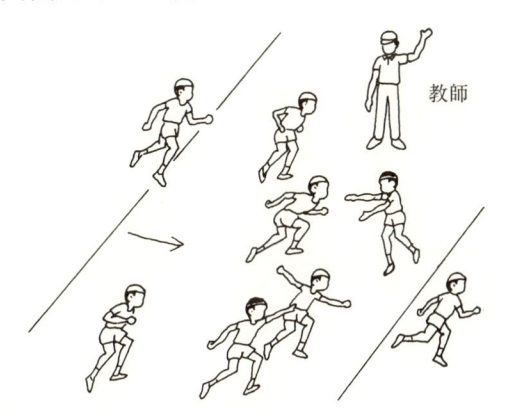

(8) 片足鬼

- 片足ケンケンでの鬼あそびである。3歩以上片足でとんだ場合は、足をかえてもよいことにする。
- 数か所に円をかく。そこは安全地帯として、両足で入ることができる。鬼もつかれた場合は、この円に入って休んでもよい。
- 鬼を交代してもよいし、鬼をふやす方法でもよい。

(9) 場所とり鬼 1

- 人数に合わせて大きな輪をつくり，その円周上に1人が入る程度のフラフープを子の数だけ置く。
- そのフラフープの外側を子はまわり，鬼は内側を逆まわりする。
- 合図によって鬼も子も1人ずつフラフープに入る。このとき，入れなかった者が鬼になる。
- 合図の方法は自由だが，一定のものを決めておく。
- 合図は教師でも子どもでもよい。

(10) 場所とり鬼 2

- 放射状にならび，それぞれの場所にフラフープを置いてその中に入る（中心を向いてしゃがむ）。
- 鬼はその外側を走りながら，列の後ろの者の肩をたたく。その列の子は，後ろから順に前の子の肩をたたいた後，鬼と反対方向に1まわりし，もとの自分のフラフープにもどる。
- 鬼はすばやく1周して，空いているフラフープのどれかに入り，鬼に入られた子が，かわって鬼になる。

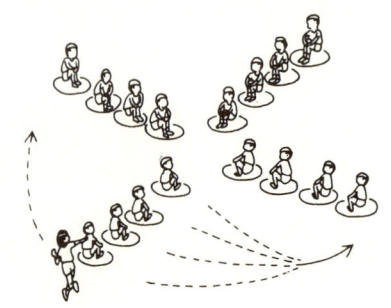

2 短距離走

1 短距離走の特性と基礎的練習

(1) 短距離走の特性

　小学校では，1年生で約20m，2年生で約30m，3・4年生で40m，5・6年生で50mをそれぞれ全力疾走することがめやすとなる。

　高学年でも50m以上の全力疾走は困難である。それは100mが走れないというのではなく，最大スピードの持続が50m以上の距離では困難なのである。

　短距離走の特性は，この最大スピードにのって走ることの楽しさであり，目標としてはいかにして最大スピードを持続させるかという点にある。

　したがって，スタートから最大スピードにのるまでの10〜15mと，その後の最大スピードが持続できる範囲内が短距離走と言える。そのため，小学校では50mで十分なのである。逆に言うと，最大スピードの持続ができない距離（100mなど）は，子どもははじめから最大スピードでは走らず，全体のペースを考えて走ろうとするので，短距離走とは言えないものになってしまう。

(2) 短距離走の基礎練習

　短距離走は単独の教材として扱うのでなく，ハードル走やリレーと関連させて学習するとよい。従来の短距離走では「もも上げ練習」に代表される個別練習が行われがちだったが，最新のスポーツ科学研究では「もも上げと疾走速度は無関係」という結果が出ている。つまり，従来のもも上げによる記録の向上はトレーニングの初期効果の一部であることがわかってきたのだ（制野俊弘「みんなが速くなる『あてっこペース走』の実践（中学校）」『たのしい体育・スポーツ』学校体育研究同志会編，2007年9月号）。

特に小学生段階では，ミニハードルを使った「リズム走」によって全員のタイム短縮が実現されている。つまり，短距離走での指導のポイントは，ピッチを速めることとストライドを伸ばすことにより，敏捷でしかもキック力の強い走り方ができるようにする点である。

　また，技術的には，スタート，中間疾走，フィニッシュということになるが，フォームの上で指導することにより，いかに早く最高のスピードにのるかや，いかに最高スピードを持続させるかの2点をポイントとして指導することになろう。

①スタートダッシュの練習

　ゆっくりスタートし，短い距離で全力疾走する。これを数回くり返す。

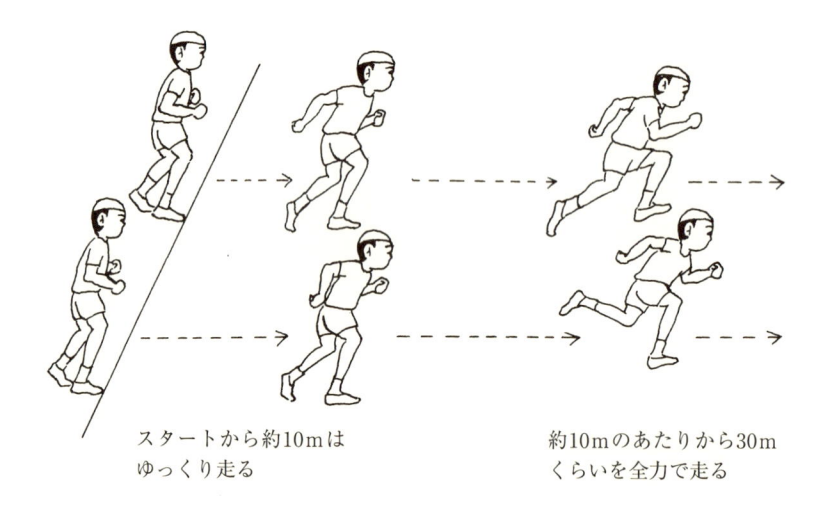

スタートから約10mは
ゆっくり走る

約10mのあたりから30m
くらいを全力で走る

②リズム走

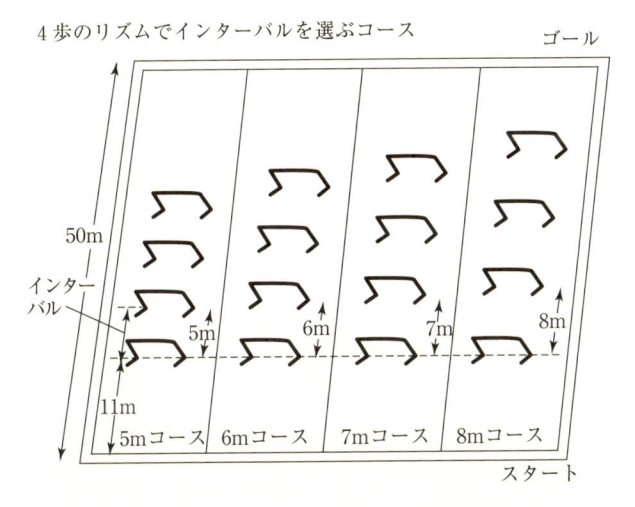

4歩のリズムでインターバルを選ぶコース

［図：50mコース内に5mコース、6mコース、7mコース、8mコースの4レーンがあり、それぞれにミニハードルが置かれている。第1ハードルはスタートから11m地点。インターバルはそれぞれ5m、6m、7m、8m。上がゴール、下がスタート。］

　リズム走をはじめる前に，50m走のタイムを測定しておく。

　50mコース（校庭が50mとれない場合は40mや30mでもよい）にミニハードルを4ないし5台置く。

　第1ハードルはスタート地点から11mに置き，5m間隔（インターバル）のコース，6m間隔のコース，7m間隔のコース，8m間隔のコースとインターバルの異なるコースをつくり，子どもたちに走りやすいコースを選択してもらう。

　ハードル間は「4歩」で走るようにし，4歩のリズムで走りやすいコースを選ぶ。そして，「4歩のリズム」で走れるようになったら，全力でコースを走ってみる。この時点ではじめに測定した50mタイム（ミニハードルなし）を短縮する子が出てくる。

　次に，ミニハードルの間隔を50cm広くしたコースでのリズム走に挑戦する。インターバルを広くした分「歩幅（ストライド）」が広くなるので，この広くしたコースで「4歩のリズムによる全力走」ができるようになれば，全員がタイム短縮できる。

2 スタート，中間疾走，フィニッシュの練習

(1) スタンディングスタート
小学校ではクラウチングスタートは筋力的にも技術的にもやや高度であるとみられ，スタンディングスタートが行われている。

① 「位置について」
1) スタートラインの1歩後方に立つ

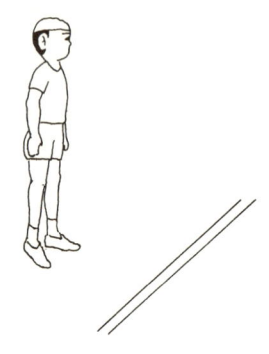

2) 「位置について」の合図で前足をラインに合わせ，やや前に上体をかがめる

★ラインの手前に足先をつける

② 「用意」
合図で，前足に重心をのせ，上体を低くかまえる。

前にのめる寸前まで体重をかける。視線は前方2〜3mの地点を見る。動作を止める。

上体を低くかまえる

③「ドン」

　合図で，前足を強くけってスタートする。

　低い姿勢のまま，前方に飛び出すようにする。

★すぐに上体を起こさない
　で，キックを強くする

<悪い例>

・「ドン」で上体が起き上がってしまうと，以後スピードがのらない。

★上体が起き上がっ
　てしまっている

・体の前傾を強調しすぎると歩幅が伸びず，へっぴり腰になる。

★腰が引けたへっぴ
　り腰になっている

(2) 中間疾走

中間疾走では，スピードを持続させるための走り方をする。

①上体を反らさないように

前傾姿勢を保つといっても，上体を前かがみにするのではなく，背すじを伸ばして体全体を前に出していく気もちで走る。

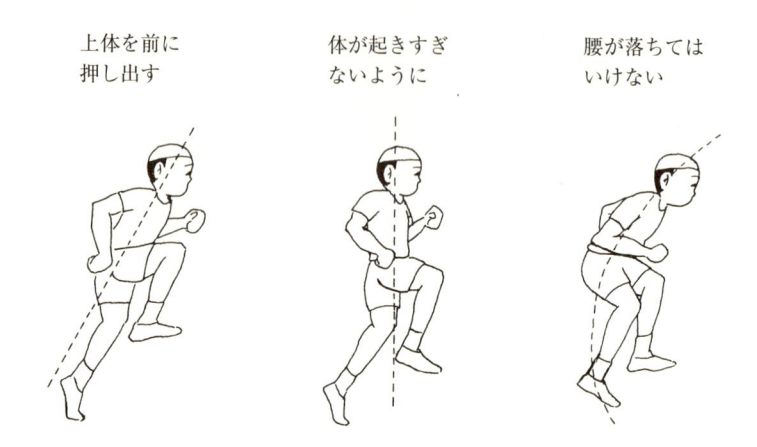

上体を前に　　　体が起きすぎ　　　腰が落ちては
押し出す　　　ないように　　　　いけない

②ももの引き上げ

ももを意識的に引き上げて走る。ももを上げると上体が起きて後ろに反り気味になるので注意する。

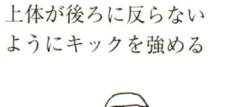

上体が後ろに反らない　　　ももが上がらないと
ようにキックを強める　　　ストライドが伸びない

③腕の振りを速くする

　腕の振りを速くするとピッチが速くなる。ピッチが速くなるとストライドが伸びなくなるので，腕の振りも大きくするように気をつける。

ひじはほぼ90度にまげて，体側に平行に振る

ひじを伸ばして振ると全体のバランスが悪くなる

(3) フィニッシュ

　ゴールに入る寸前は体全体を前に押し出すようにし，ゴールを走りぬける。5mくらい先まで走りこむ。

胸を押し出してゴールインする

上体を倒し，頭を前に出しても，胸がゴールラインに入らないとゴールインにならない

★走り方をかえないで走りこむ

ゴールライン

3 50m走タイム測定

スポーツテストでは50m走のタイムを測定する。リズム走の前に測定した仮のタイムと比較してみると、速くなっていることが実感できる。

(1) 準備
50m走路，スタート用旗，ストップウォッチ（2個以上），記録用紙

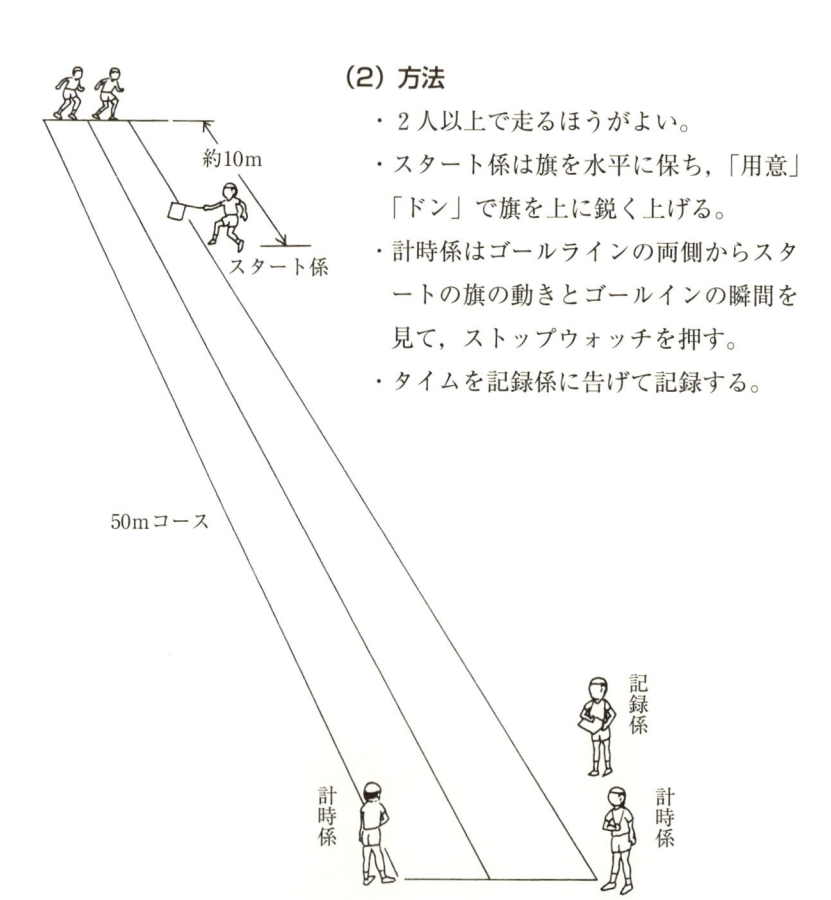

(2) 方法
・2人以上で走るほうがよい。
・スタート係は旗を水平に保ち，「用意」「ドン」で旗を上に鋭く上げる。
・計時係はゴールラインの両側からスタートの旗の動きとゴールインの瞬間を見て，ストップウォッチを押す。
・タイムを記録係に告げて記録する。

3 リレーあそび・リレー

1 リレーの特性

　リレーは，子どもたちにとってとても好まれる陸上教材である。全力で走ることのおもしろさ，そして競い合うことのおもしろさ。リレー教材は小学校の子どもたちの発達段階にとても合った教材なのである。

　特にリレー教材は中学年の発達段階（5年生まで含んでもよい）に合っている。教師にとって中学年という段階は，なかなか子どもが手ごわくなってきた時期だと感じることの多い学年と言えよう。それまでの低学年では，何をするにしても教師に指示を求めてきた子どもたちが，この中学年段階になると，見違えるように自分たちで行動しはじめる。

　リレーの学習は，陸上競技の中ではめずらしくチームで競う教材である。子どもたちははじめ，リレーチームで活躍するのは走るのが速い子だと思っている。ところがそうではない。チームで競う競技であるため，走るのが遅い子はチームの仲間に対して負い目をもっている。そのためこの子どもたちは，バトンタッチの学習を真剣に行う。チームの仲間に迷惑をかけないために必死でバトンタッチを上手になろうとするのだ。

　一方，速く走れる子は，自分の走力で何とかなるという自信をもっている分，バトンタッチの学習がいい加減になりやすい。バトンタッチのためのスタートマークを決める段階で，この差は歴然となる。子どもたちの見ている前で，走るのが遅い子にバトンタッチをしてもらうと実になめらかに，タイミングがぴたっと合ったスタートが切れ，スムーズにバトンをもらうことができる。能力差について現実を把握しはじめるこの時期に，仲間の事実によって予想をくつがえされる結果を見ることは，子どもたちに大きな影響を与える。

　足が速い，遅いという能力ではなく，学習によって高まっていけることを子どもたちはリレーの学習で学んでいくのである。リレーの学習が中学年の子どもたちにとって有効なのは，このような理由からなのだ。

2 バトンパスの基礎的練習

　リレー教材の学習では，スタート方法，コーナーの走り方，バトンパスの方法などがあるが，この中で最も重要であり学習の中心になるのが，「バトンパス」である。また，バトンパスの学習の中でも最も重要な学習内容が「スタートのタイミング」であり，このスタートのタイミングとバトンの渡し方・もらい方を学習することによって，すべてのチームがチームタイムを短縮することができる。

　さらに，リレー教材で競う対象は「勝敗」ではなく「チームタイム」である。どんなにバトンパスが上手になっても「勝敗」はレースによってかわってしまったり，しだいに上位と下位チームの勝敗が固定してしまったりする。これに対して，「チームタイム」はバトンパスが上手になることによってどんどん高まっていく。自分たちのチームの高まりをタイムによって確かめることができるのである。したがって，レースは2チーム対抗とし，練習したバトンパスが発揮できる条件で行うとよい。

(1) 折り返しリレー型のバトンパスの段階的練習
①向かい合いバトンパス 1
　最も初歩的なバトンパスであり，次走者がスタート線上，あるいは円内で待っていてパスをする。手と手のタッチでよい。

スタートライン
次走者は腰を低くかまえ，すぐにスタートをきるような姿勢をとる

②向かい合いバトンパス 2

前走者 a がバトンを渡したら次走者 b はスタートする。

★向かい合いのため，前走者はスピードダウンしてバトンを渡すことになる。このため「向かい合い」は1回だけにして，「後ろから」に早めに移行するとよい

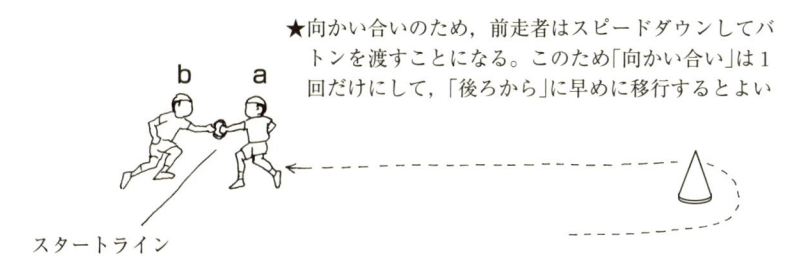

③後ろからのバトンパス

a) 両手で受けとるバトンパス

★後ろから走ってくる者からバトンを受けとるのは一般のリレーと同じだが，はじめはリードなしで，受け手は後ろを向いて両手で確実にバトンを受けるようにする

b) 後ろ向きで片手で受けとるバトンパス

★後ろを向いていて，手のひらを前走者のほうに向けて確実にバトンを受けるようにする
★手は左右どちらで受けとってもよい
★徐々に体を前に向けてバトンが受けられるようにする

c) 手のひらを上にしたバトンパス

　体はすぐに走り出せるように少し前に向け，バトンを受けやすいように手のひらを上にする。顔は，しっかりと受けてから走るために後ろを向いていてよい。

　　★受けとる手は右手と決めてもよいが，渡す手はどち
　　　らでもよいことにして工夫させるとよい

d) 手のひらを相手に向けたバトンパス

　走りながらバトンを受ける練習のはじめの段階である。顔を後ろに向けて受けとる場合は，手のひらを前走者の方に向けておく方がやりやすい。徐々に顔を前に向けてバトンを受けとれるようにしていく。

　　★前走者がコーンをまわったら走り出すようにし，
　　　あまり早く走り出さないようにする
　　★スタートが早すぎると前走者が追いつかない

e) 手のひらを上向きにしたバトンパス

　走りながらバトンパスをするのが上手になってくると，バトンパスの方法が合理的になってくる。手のひらを相手に向けていたのではダッシュできなくなってくるので，この方法がとられるようになってくる。しかし，形だけを指導するのではなく，前走者と次走者のスピードがうまく合ったときにバトンを渡すことを押さえる。

　　★前走者がどこに来たら次走者はスタートするか，
　　　めやすをつけられるようにする

f) スピードがとぎれないバトンパス

　子どもの発達に合ったバトンパスの方法はおおむね以上のようであるが，バトンパスは形式ではなく，どうしたらスピードがとぎれないで，バトンをパスして走り継ぐことができるかが指導のポイントになる。

　特に次走者のスタートは，すぐに全力疾走に入れる走り方で，のろのろと走るのではないことを押さえる必要があり，スタートのめやすをどこに決めるかがポイントとなる。

　また，授業の展開にあたっては，いろいろなバトンパスの方法を子どもたちに考えさせ，工夫させるようにするとよい。

(2) トラックリレー型のバトンパス練習

①バトンのもらい方, 渡し方

　バトンのもらい方には, 上からもらう方法と, 下からもらう方法の2通りがある。上からもらう方法が教えられることが多いが, 上からの方法は走っているときに手のひらを上に向けるため, 動作がぎこちなくなりやすい。また, 下からの方法はもらう側のぎこちなさはなくなるが, 呼吸が合わないと下へ落としやすい。もらう人のもらいやすい方法を実際に試しながら決め, 渡す人にどちらの方法でもらうかを伝えるとよい。

②バトンの受けとり方

a) 上から手のひらへ渡す
b) 下から開いた手へ渡す
c) 腰の横にバトンをあてて渡す

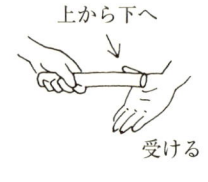

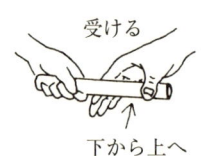

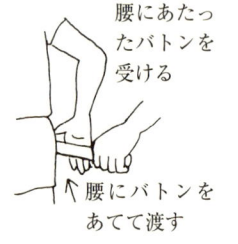

③バトンの渡し方

　バトンを渡す方法には, 左手から右手に渡す方法, 右手から右手に渡す方法などがある。また, 右手で受けたバトンを左手にもちかえる方法もある。

右手で受けて左手にもちかえる場合

④いろいろなバトンパス

　バトンの受け渡しの方法は, 固定的にとらえずに子どもたちに工夫をさせるとよい。要は, 受け手と渡し手の両者のスピードが最高の状態でバトンを受け渡すことであり, このタイミングをつかませることがポイントとなる。また, バトンを受けとった後のもちかえも子どもによって違ってくる。子どもがやりやすい方法を見つけさせるとよい。

⑤右手から左手へのバトンパスの方法

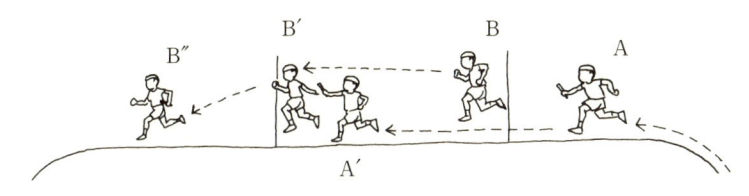

❖ この方法の利点 ❖

(1) 前走者Aはアウトコースに出ないで，インコースをスピードを落とさずに走ることができる。

(2) Aはバトンパスしたあとフィールドに入りやすく，後続の走者のじゃまにならない。

(3) Aが次走者Bの右側に出ようとして，走るコースがふくらんでしまうというロスを防げる。

(4) 次走者Bが最終コーナーのAを見たり，スタート直前までAを見ている場合に，そのまま左側に顔をまわして見ることができるので，体を前方に向けられていられる。

(5) 次走者Bはバトンパスのすぐあとにインコースに入る。Bが右側に顔を向けているとインコースに入るのが遅れ，コーナーで大まわりになるが，左側に顔を向けていると遅れない。

⑥バトンパスの練習

a) 軽く走りながら

3～4人のチームで行う。軽く走りながら前方の走者へバトンをパスする。しっかりとバトンを渡せるようにする。いちばん前を走っている人までバトンをパスしていく。いちばん前の人はバトンをもらったら地面に置き，いちばん後ろの人がひろって，再び前方の走者へバトンパスをする。

b) スタートマーク鬼ごっこ

　バトンパスは前走者，次走者ともに最高スピードのときにバトンの受け渡しができることが理想的なパスであるが，この鬼ごっこは，前走者がどこに来たらスタートをすればよいかをわからせるための方法である。

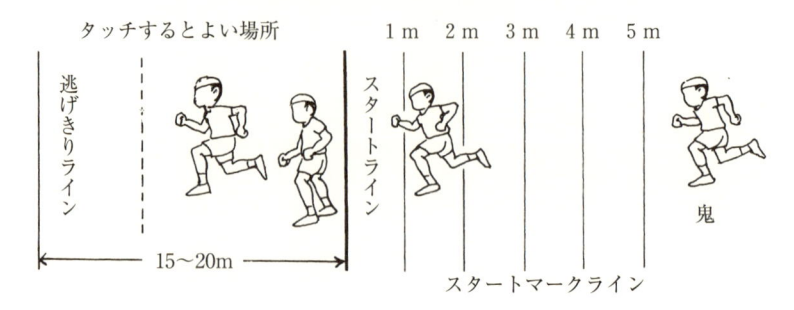

タッチするとよい場所　　　　　1 m　2 m　3 m　4 m　5 m

逃げきりライン　　　　　　　　スタートライン

15〜20m

スタートマークライン

鬼

★まず，鬼がスタートマークラインの5 mラインに来たら逃げ出し，全力疾走して逃げきりラインの外につかまらずに出られるかやってみる。次に4 mのスタートマークラインに鬼が来たら逃げるという方法で徐々に距離を縮めながら試走し，逃げきりラインの中央をこしたあたりで鬼が追いついてタッチするようなスタートマーク位置を見つける

★リレーのオーダー（走る順）通りに第1走者→第2走者→…と行っていき，アンカー→第1走者でも行う

c) スタートマークを置いてスタートのタイミングをつかむ

　スタートマークのところに来るまでは走って来るのをよく見ていて，マークでスタートをしたらすぐ前を向き，全力疾走に入る。

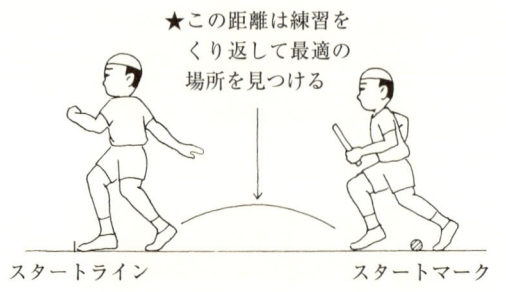

★この距離は練習をくり返して最適の場所を見つける

スタートライン　　　　　　　　スタートマーク

スタートマークのところに来たらスタートする　　（消しゴムなどを置く）

d) 渡し手が声をかけてバトンパスのタイミングをつかむ

　スタートマークだけではバトンパスのタイミングがうまくつかめない場合，声をかけてきっかけをつかむ練習をする。声をかけられた方がバトンパスのタイミングがとりやすい。「はい」の声で，渡す・受けるをスムーズに行う。

後ろを見ないで前を向いて全力疾走をし，声が聞こえたらバトンをもらう

「はい」などの声をかける

e) 直線コースリレー

　30〜40m間隔に2人の走者が立ち，「用意」「ドン」の合図で2人でのバトンパスリレーをする。1回の競走が終わったら向きをかえて，第2走者から第3走者へのバトンパスリレーをする。また，1位3点，2位2点，3位1点，4位0点と得点を1回ごとに記録しておき，授業時間内の総合得点を競い合うと面白く，ゲーム化できる。

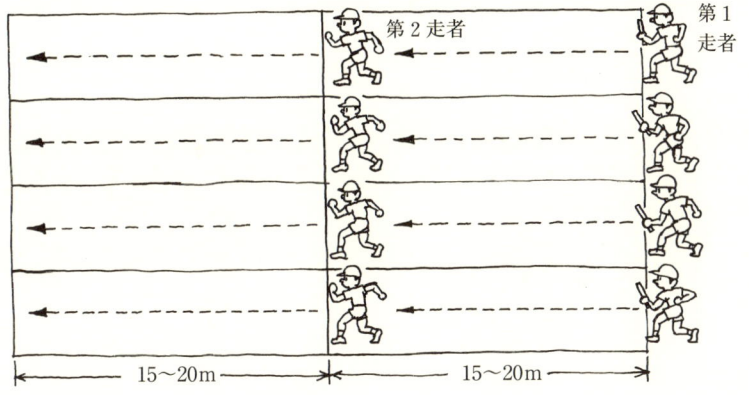

ゴールライン　　　　　　　　　　　　　　　　スタートライン
第2走者　　　　　　　　　　　　　　　　　　第1走者

←――― 15〜20m ―――→←――― 15〜20m ―――→

⑦折り返しリレーを利用したバトンパスの練習

　バトンパスだけの練習であっても，全力疾走をして実施しないとタイミングはとれない。しかし，100m近い全コースを走るのでは何回も練習できないので，下のような折り返しコースを利用して練習すると効果的である。

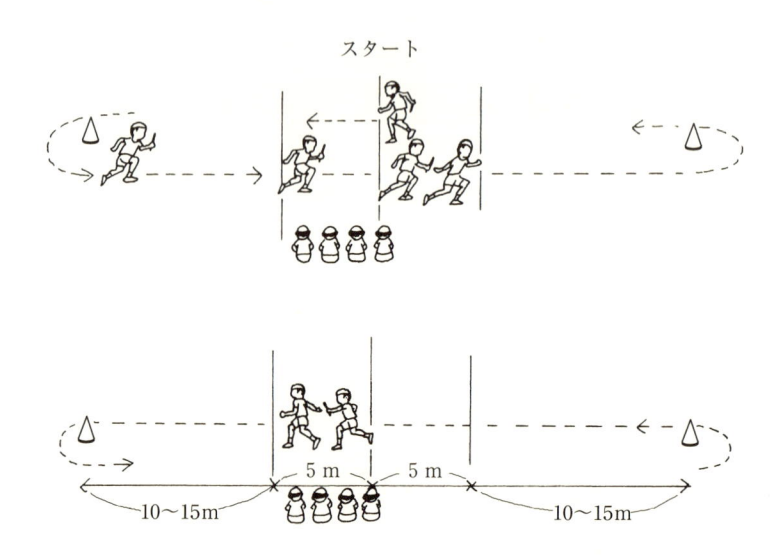

　中央にスタートラインを設け，そこから約20mはなれた両側に折り返しのコーンを立てる。この中央でバトンパスの練習を行う。

❖ この練習の利点 ❖

(1)　コーンを折り返してから少し休んで，次の全力疾走に入ることができる。

(2)　最高スピードを保ち，直線コースで練習できる。

(3)　バトンパスを受けてからダッシュして加速する練習ができる。

(4)　この形で折り返しリレーの競争も同時にできる。

3 いろいろなリレーの方法と指導の要点

(1) 折り返しリレーの方法（低学年）

　5〜6人ぐらいのチームをつくり，片道20〜30mを折り返して行うリレーである。はじめは向かい合いのバトンパスで行う。

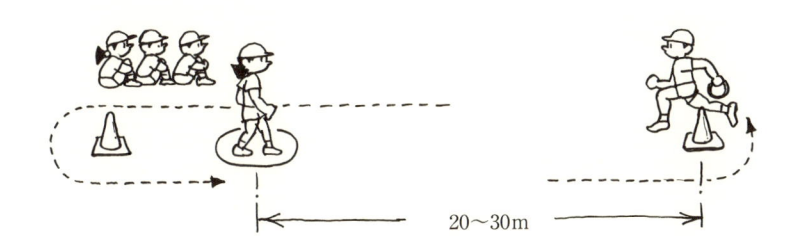

★第1走者は円内からスタートし，スタートと同時に第2走者が円内に入るようにする
★最終走者がゴールインした場合は円内で停止して手を上げたり，座ったりさせるようにする
★チームの人数がそろわない場合は，同人数のチームごとに競争したり，チーム内で2回走る子どもを決める
★オーダーを工夫させて組むようにする
★兄弟チームをつくり，応援し合うようにしてもよい
★スタートの合図や審判は，最初は指導者が行うが，慣れてきたら子どもたちにさせるとよい
★前走者が後ろのコーンをまわったら，次走者がリードすることがポイント

(2) 置きかえリレーの方法（低学年）

　5〜6人ぐらいのチームをつくり，1人ずつ順番に20〜30mはなれたイスのところに走っていく。そして，イスの上にある紅白玉を他のイスの上に移して帰ってくる。バトンパスは，はじめは向かい合いで行うようにする。

★1チームの人数を多くしすぎると，どのチームが勝っているのかがわからなくなったりするので，チームの人数は5〜6人ぐらいが適当である
★兄弟チームをつくり，応援し合うようにしてもよい
★このリレーでも，前走者が後ろのコーンをまわったら，次走者がリードすることがポイント

(3) 置きかえリレーの工夫

置きかえる方法や物に変化をもたせるとよい。

①地面に直径30cmぐらいの円を横に2つならべてかく

円の中の紅白玉を置きかえる。

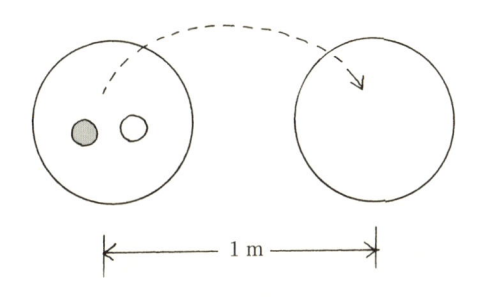

②円を2つたてにならべてかき，距離を3mぐらいはなして行う

紅白玉は3ついっしょに運んでもよいという方法や，1つずつ運ばなくてはいけないという方法も考えられる。

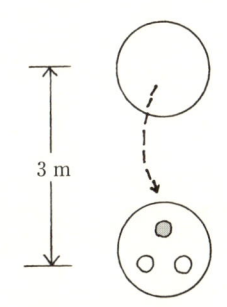

③イスを3つならべて，紅白玉を置きかえる

紅白玉を1つずつ，あるいは3ずつついっしょに置きかえるなどの方法も考えさせるとよい。

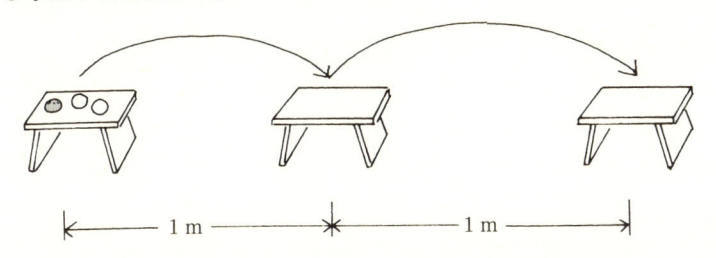

(4) 回旋リレーの方法（中学年）

　5〜6人ぐらいのチームをつくり，20〜30mの間にコーンなどを2〜3個置き，それをまわってリレーをする。

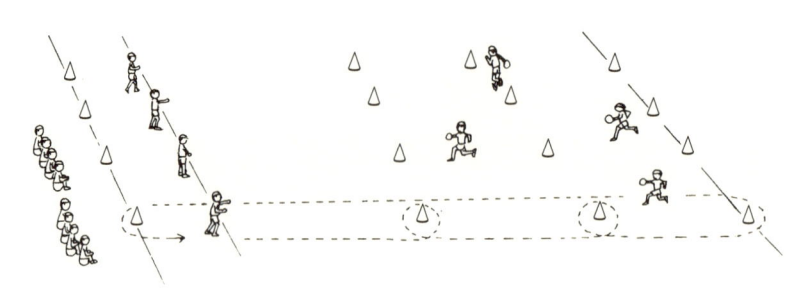

★帰りは直線を走ってもよいし，コーンをまわる方法でもよい

①回旋の練習

　コーンなどを速く上手にまわる方法を考え，工夫させる。

★できるだけふくらまずに，小さな円をかくようにまわるとよい

★速く，上手にまわるには，歩幅を小さくし，体を内側に傾けてまわるとよい

（5）いろいろな回旋リレーの工夫（中学年）

①コーンの間をあやにまわる

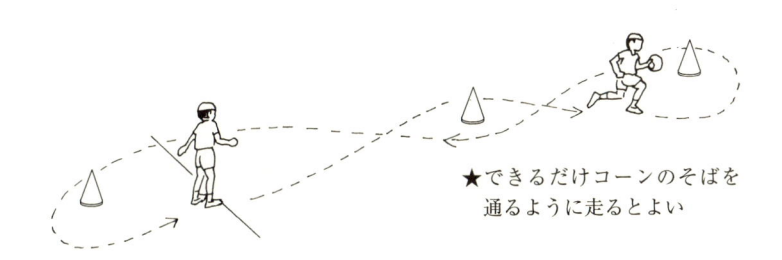

★できるだけコーンのそばを通るように走るとよい

②コーンを1つまわる

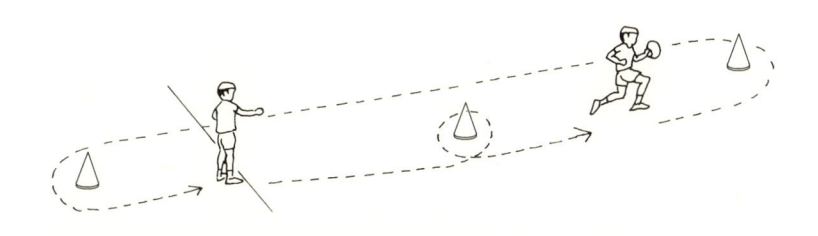

★帰りもコーンをまわるようにしてもよい

③コーンを多くしてまわる

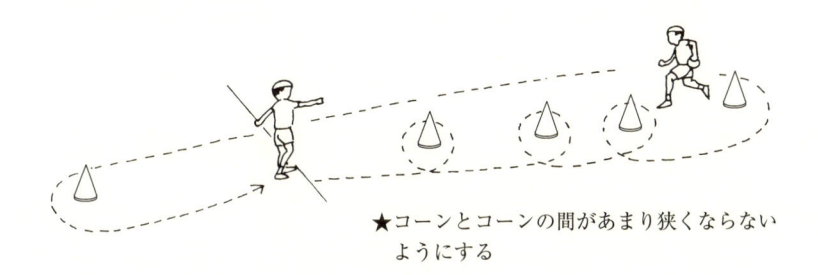

★コーンとコーンの間があまり狭くならないようにする

(6) 障害物リレーの方法（低・中学年）

　5〜6人ぐらいのチームをつくり，いろいろな障害物を置いてリレーをする。スピードを持続させながら，とびこえるタイミングやリズム，くぐったりまわったりした後の加速など，多様な能力を養うことができる。

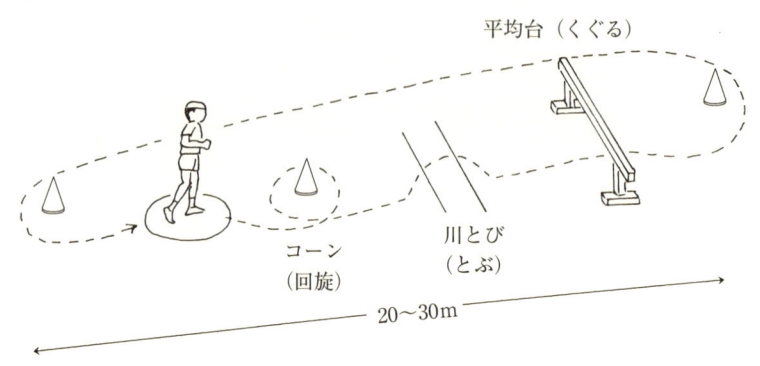

平均台（くぐる）
コーン（回旋）
川とび（とぶ）
20〜30m

(7) 障害物リレーの工夫（低・中学年）

①同じものを均等の距離に置く

a) 川とびの連続

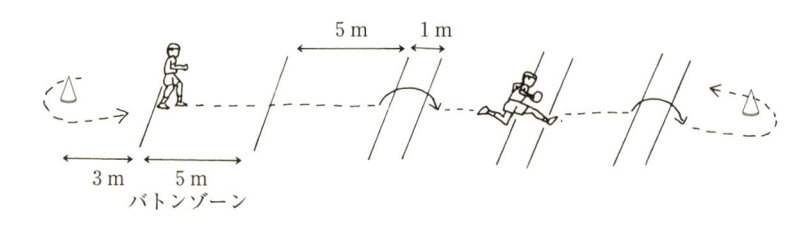

5m　1m
3m　5m
バトンゾーン

b) ゴムとびの連続

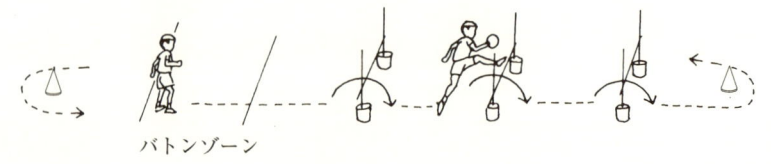

バトンゾーン

②いろいろな障害物を置いたリレー

a) ジグザグ走

バトンゾーン

b) ケン・パとびを入れたリレー

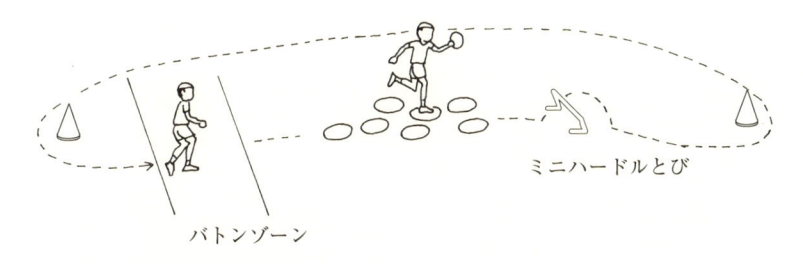

バトンゾーン　　　　　　　　　　ミニハードルとび

③チームで障害物の置き方を工夫したリレー

　全チームで障害物の種類は同じにして，それをどこに置くかはそれぞれのチームで相談して決める。

　障害物の置き方によって勝敗がかわってくるのでおもしろい。最終的には障害物をできるだけまとめたほうがよいことに気づき，スタート近くや折り返し地点近くにまとめて置くようになる。

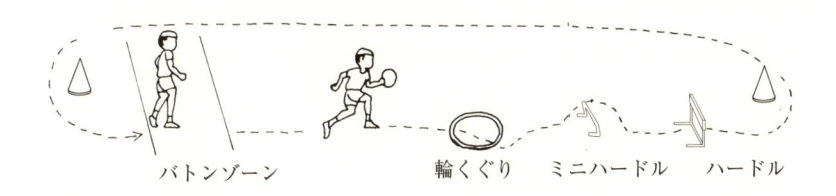

バトンゾーン　　　輪くぐり　ミニハードル　ハードル

(8) 円形リレー（中学年）

1周60～80mぐらいの円で，4チームに分かれて走りながら，輪バトンをパスしてリレーをする。

ゴールは円の中央まで輪バトンをもって走りこみ，中央のコーンに輪を置く。

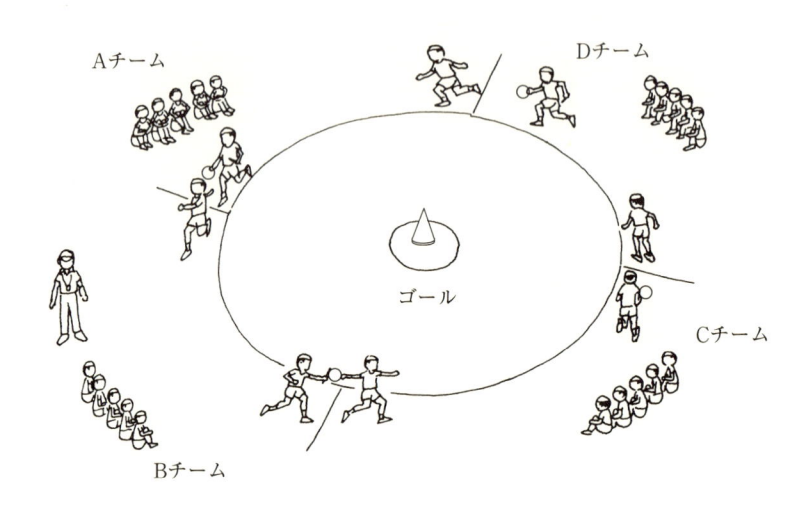

Aチーム　　　　　　　　Dチーム

ゴール

　　　　　　　　　　　　　　　Cチーム

Bチーム

❖ 円形リレーのルール ❖

(1)　チームごとにスタートラインを別にし，1人が1周ずつ走ってバトンパスをする。
(2)　輪バトンをパスする場合はインコースで行う。
(3)　追いこすときは外側から追いこす。
(4)　チームごとにオーダーを決める。人数の多いチームに合わせて，少ないチームは2回走る者を決める。
(5)　輪バトンを落としたら，落とした者がひろって渡す。

(9) トラックリレーの方法(中・高学年)
①トラックとコース

　トラックリレーは,セパレートコースを使用して行われるものと,オープンコースで行われるものがあるが,一般的には第1走者がセパレートコースを走り,次走者以後はオープンコースにする場合が多い。

　1人の走る距離は,30〜50mとし,半周でバトンタッチする。そして,2チーム対抗で行う。2チームで行うのは,バトンパスの練習成果を発揮できるようにするためである。3チーム以上だと,バトンパスのところで交錯しやすくなるため,せっかく練習してきたスピードにのったバトンパスができにくい。

　また,2チーム対抗は,前回タイムの速かったチームから順に行い,勝敗よりチームタイムの短縮をめざすようにする。

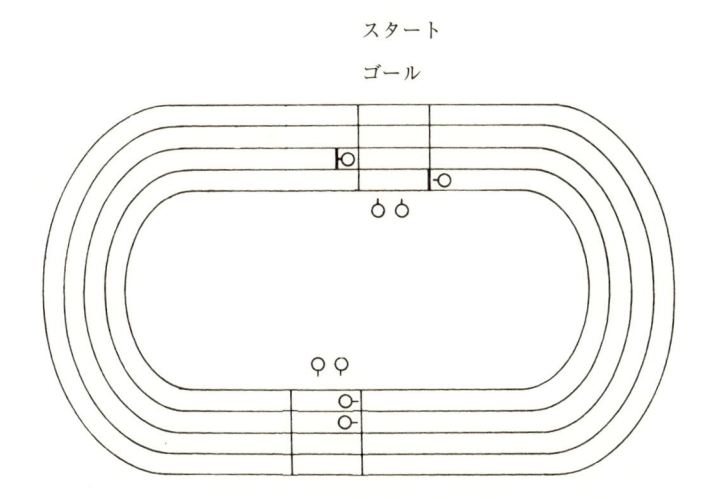

②リレーのルール

a) コーナートップ

コーナートップでは，下図のコーンの立っているコーナーを通過した順に次走者がコースの内側からならぶ。コーンの位置をすぎてから順位が入れかわっても，受け手の順序はかえない。

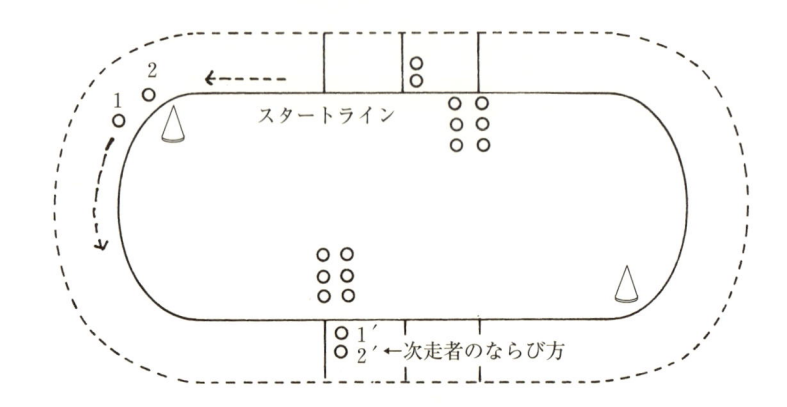

★逆コーナートップ：コーナーを通過した順に，次走者がコースの外側からならぶ方法もある。直線が短くコーナーが長いコースでは，前の走者をぬくことがむずかしいため，この方法を用いる場合がある

b) テークオーバーゾーン

原則的にはバトンパスはゾーン内で行わなければならないが，小学校段階では必要ない。ゾーンからはみ出たことで「反則負け」にするよりも，「バトンパスを速くする」ことに重点を置くべきである。

c) 追いぬきは外側から

追いぬくときは，必ず外側から追いぬくことをルールとして決めておく。

d) バトンの渡し方

バトンを投げて渡してはいけない。落とした場合は，前走者がひろって次走者に渡す。

③コーナーの走り方の練習

コーナーをまわるときは体を内側に傾け，外側の腕をやや大きく振るようにする。

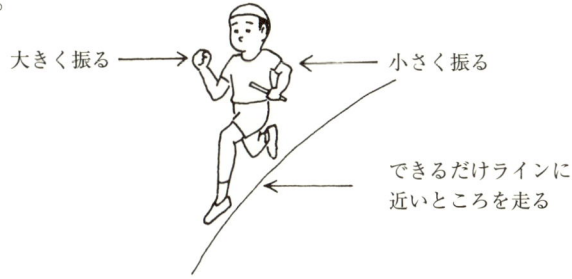

大きく振る →　　　← 小さく振る

できるだけラインに近いところを走る

④オーダーの組み方とバトンパスの工夫

走る順番は子どもたちに決めさせるが，次のようなことに気づかせるようにする。

(1) 直線コースが短く，コーナーが長いトラックでは，追いぬきづらいので，スタートでトップになると有利である。

(2) 速い子と遅い子を組み合わせた場合，バトンパスのときに，速い子をやや長く走らせたりして時間短縮の工夫ができる。

〈受け手が速い場合〉

★早い時点でバトンパスが完了すると有利である

〈受け手が遅い場合〉

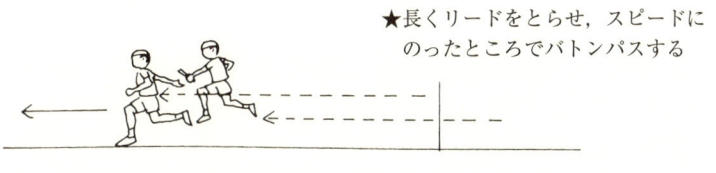

★長くリードをとらせ，スピードにのったところでバトンパスする

(3) 子どもはアンカーに速い子をもってくることを考えるが，一人ひとりの走る距離が同じ場合，アンカーは走りはじめて（約5〜10m）からバトンをもらうため，走る距離が短い。逆に第1走者はリードしている次走者へ渡すために走る距離が長くなる。このことを考えてオーダーを組ませるとよい。

(10) リレーの工夫

どこでバトンパスをしてもよいリレー

一般的にリレーは，同じ人数のチームで，1人の走る距離が均等であり，バトンパスのゾーンがあるが，このリレーは，どこでバトンパスをしてもよいし，チームの人数が同数でなくてもできるリレーである。

❖ このリレーのルール ❖

(1) どこでバトンパスをしてもよいが，第1コースはあけて，アウトコースを使ってバトンパスをする。

(2) 1人の走る距離は違ってよいが，走らない人がいてはいけない。

(3) 走力に応じて走距離を決めるが，最小限の距離などのルールを話し合って決める。

(4) 各チームの人数が同数でなくても，一定の距離でリレーをする。

スタート
ゴール

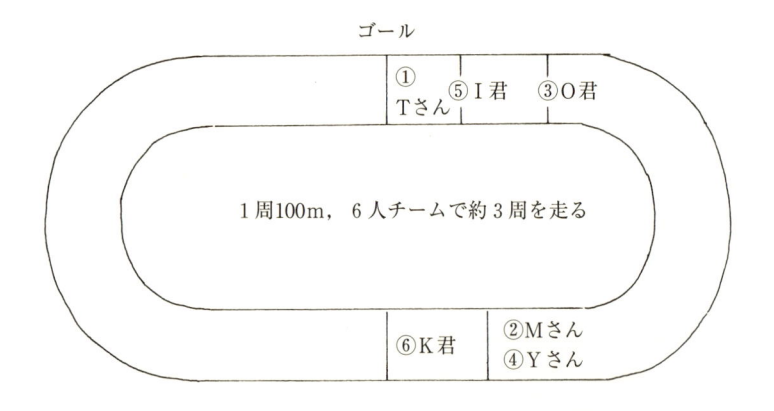

①Tさん ⑤I君 ③O君

1周100m，6人チームで約3周を走る

⑥K君　②Mさん
　　　　④Yさん

上の図はこのリレーの一例であり，次のような走り方を工夫している。

①第1走者Tさんは1番目に速いので，スタートから約60m走る

②第2走者Mさんは遅いほうで，約30m走る

③第3走者O君は2番目に速く，約70m走る

④第4走者YさんはMさんと同じだが，約40m走る

⑤第5走者I君は速いほうで，約60m走る

⑥第6走者K君は3番目に速く，アンカーで約50m走る

4 ハードル走

1 ハードル走の特性と基礎的練習

(1) ハードル走の特性

　低学年からいろいろな障害物を使った障害走を経験してきたが、次第にその障害が抽象化されてきたのがハードル走である。一定の障害を連続してとびこし、スピードを競うという運動である。

　スピードを競うだけであれば、フラットのコースでの短距離走があるわけだが、障害物をこえるという点に特徴をもっている。しかも、その障害物が等間隔で置かれていて、一定のリズムにのってスピーディにとびこしていくことが要求される。

　つまり、ハードル走の特性は、等間隔のインターバルでセットされたハードルを、連続してとびこして走るリズムとスピードである。

　スピードにのり、ハードル間のインターバルを調子よくリズミカルに走って、次々とハードルをとびこしていく快感は、他の運動では味わえない楽しさなのである。したがって、競争そのものより、いかにうまくとびこせるかという運動技術が目標になってくるし、そこで自分のタイムが次第に短縮されてくるところにおもしろさを感じるのであろう。リズミカルで、しかもスピーディなハードリング（連続とび）が要求されるわけであるから、技術的には高度なものとなる。

　短距離走などからみれば、まとまりのある運動技術を伴った走運動であり、その技術をみんなで分析し、「わかり、できる」ようになっていく教材である。

(2) ハードル走の基礎的練習

　ハードル走のグループ学習を行う際には，下図のようなコースをつくっておくとよい（詳細は22～23ページ参照）。

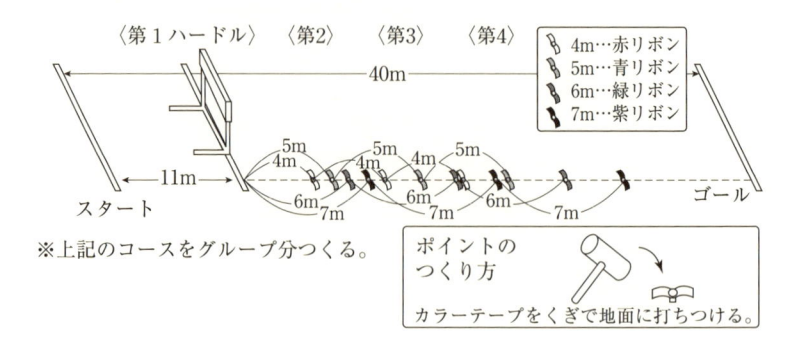

〈第1ハードル〉〈第2〉〈第3〉〈第4〉
4m…赤リボン
5m…青リボン
6m…緑リボン
7m…紫リボン

40m
11m
5m 4m 6m 7m
スタート　　　　　　　　　　　　　　　　　　　　　ゴール

※上記のコースをグループ分つくる。

ポイントのつくり方
カラーテープをくぎで地面に打ちつける。

①リズミカルな連続とびの練習

　はじめにミニハードルで障害をつくり，そこをゆっくり走りながら同じ歩数でリズミカルにとびこして走る練習をする。

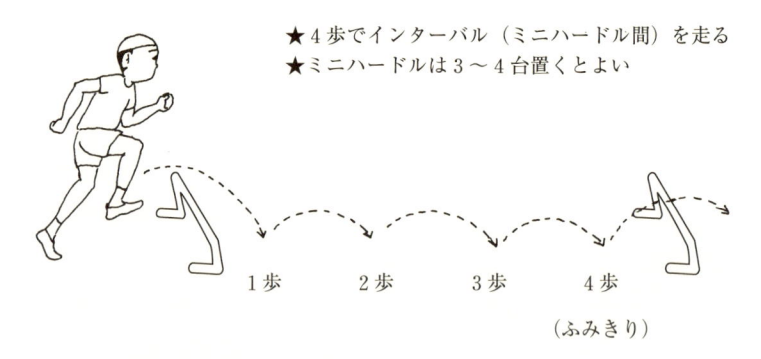

★4歩でインターバル（ミニハードル間）を走る
★ミニハードルは3～4台置くとよい

1歩　2歩　3歩　4歩
（ふみきり）

　インターバルは短くして，ゆっくり走っても4歩で走れるようにする。ふみきり足を一定にするととびやすいことに気づかせる。

②4歩のリズムで走る

　陸上競技では、ハードルとハードルの間を4歩で走るとき、「3歩」と言う。これは、着地足の1歩目をすばやい足の振りおろしによって走るので、1歩目を数えないためである。体育の授業で、このような1歩目のすばやい振りおろしを子どもに求めることには無理がある。また、「3歩」と表現すると、子どもたちは3歩を意識してしまい、ふみきり足が交互になってしまう。このため本書では、子どもにとってわかりやすい「4歩」のリズムと表現している。

　低いハードルでインターバルも短くし、常にふみきり足を一定にして4歩のリズムで走る。同じ足でふみきるためには、4歩のリズムを身につけることが大切である。

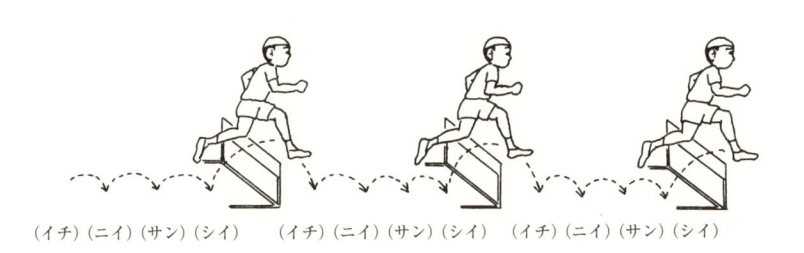

（イチ）（ニイ）（サン）（シイ）　　（イチ）（ニイ）（サン）（シイ）　　（イチ）（ニイ）（サン）（シイ）

　着地を「イチ」とした後、「ニイ」「サン」「シイ」と数えながらとぶとよい。

　グループ学習では、各ハードルの横についた仲間に4歩のリズムを見てもらうとよい。

「イチ，ニイ，サン，シイ」

スタート　11m　第1ハードル　　　　　　　　　　　　　　ゴール

③低いハードリング

「低いハードリング」ができている子は腰の高さが上下にあまり動かず一定の高さで走っている。4歩のリズムができるようになると,「低いハードリング」をしている子がいるので,着目させて,「低くとぶ」ことを意識させる。

上下動をあまりしない

④振り上げ足をまっすぐ上げるハードリング

低いハードルで,インターバルも短くし,楽にとびこしながら振り上げ足の練習をする。振り上げ足は,ハードルに向かってまっすぐに上げる。

まっすぐに振り上げる。
ひざも伸ばす

まっすぐに振り上げると正面から足の裏がよく見える

<悪い例>

ひざが曲がり,足を横からまわして振り上げている。

ひざを上げるときに横からまわして振り上げている。

⑤ディップ

　振り上げ足をまっすぐに伸ばすことに集中すると、上体が起き上がりすぎた「後傾姿勢」になってしまう場合がある。ここで必要になるのが、上体を前に倒す「ディップの技術」である。

　どの子にも「後傾姿勢の弊害」が現れるわけではないが、ディップの技術は、上体を倒すことによる重心移動で加速を生むことができるし、ディップを行うことによって振り上げ足が伸びてくるという利点がある。

上体を前に倒したハードリング（ディップ）の練習

このため、ディップの技術の存在を、ここでどの子にも理解させておく必要がある。

　練習の中で、振り上げ足を伸ばしても腰が引けないようにするには、「上体を倒すとよいこと」に気づかせる。この段階で、上体を倒すことを「ディップ」ということを教えてもよいし、ここでは話さないで子どもたちの意見として「上体倒し」などの名前をつけてもよい。

　教師は、前時からこのディップによって加速している子を探しておく。そして、各学習グループで観察した後で、この子に走ってもらい、ディップごとに加速されている様子を見とらせるのである。

　さらに、走り終わった子に、1台ずつハードルをこえるたびにスピードが速くなるため、足への負担が増していくことを「走った者の感想」として話してもらうとよい。

ディップによって重心が前へかかっている

⑥体の柔軟性をつける

　ハードル走では，リズミカルにしかもスピードを落とさずにハードルをとびこしていくために，全身の柔軟性も要求される。特に腰とひざの柔軟性が必要になってくる。

a) 前屈
　　長座で前にまげる。　　　　　　　　開脚して前にまげる。

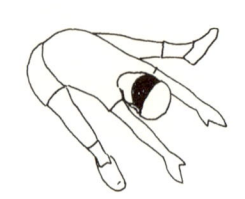

b) 側屈
　　たった姿勢で横にまげる。　　　　　片足をハードルにのせて横にまげる。

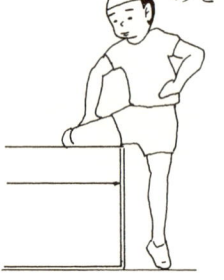

c) ぬき足の形で腰関節を柔軟にする
　　伸ばした足の方に上体をまげる。　　まげた足の方に
　　左右両方行う。　　　　　　　　　　上体をまげる。
　　　　　　　　　　　　　　　　　　　左右両方行う。

2 ハードル走の練習の要点

(1) 4歩のリズムをとらえる

　同じ足でふみきり，連続したリズムでとびこしていくために，4歩のリズムをとらえさせる。このリズムをつかませるために，3台のハードルで練習する。インターバルを2回通ることになる。

　初期の段階ではゆっくり走らせて，4歩のリズムだけをつかませる。ゆっくり走らせるのでインターバルも短くする。

　ハードルの高さは40～50cm。コースは40m。

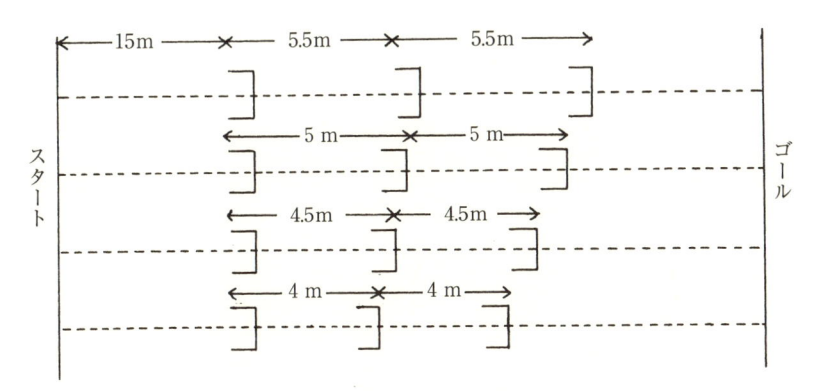

　徐々にスピードを上げて，インターバルの長いハードルをとぶ。
着地をイチとして，ニイ，サン，シイ，と数えて走る。

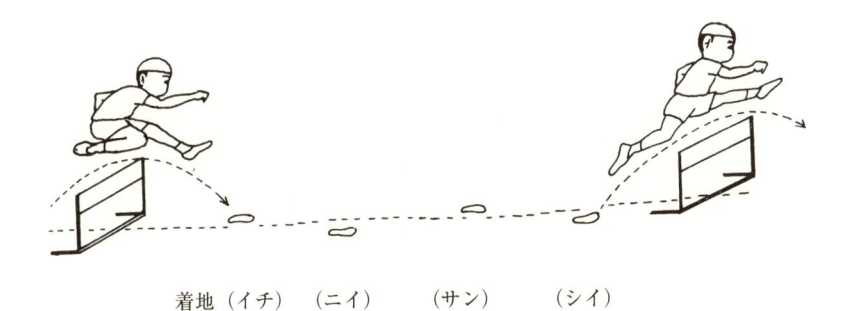

着地（イチ）　（ニイ）　　（サン）　　（シイ）

(2) まっすぐに走る

　足の振り上げを前方にまっすぐ上げる。グループの仲間に，まっすぐに走っているかどうかを見てもらう。

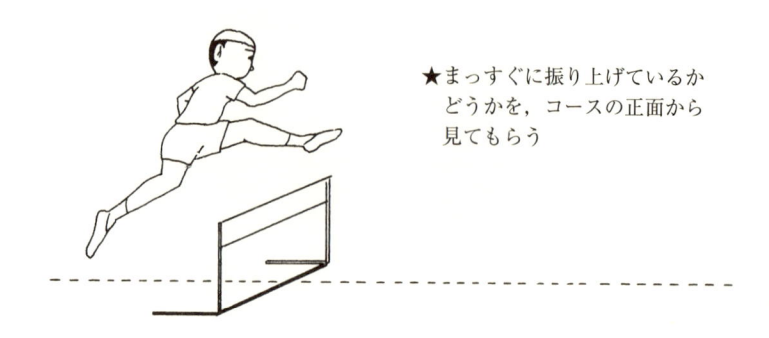

★まっすぐに振り上げているかどうかを，コースの正面から見てもらう

　走ってくる者をゴールの方から見て，1回ごとのとびこしで，足の振り上げはどうか，まっすぐに走ってきたかどうかを観察する。

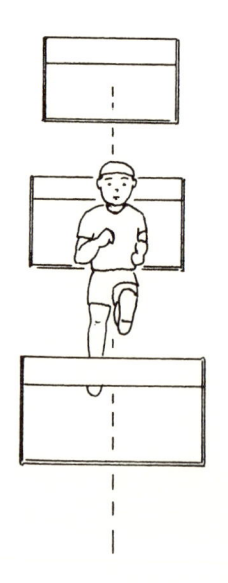

★まっすぐに振り上げているときは，正面から足の裏が見える
★着地の足が中央の線からほとんどはずれない
★上体が左右にゆれないで，まっすぐに走れる
★リズムが一定で，安定した走り方ができる

(3) インターバルを決める

4歩のリズムで，振り上げ足もまっすぐ上がり，まっすぐに走れるようになったら，スピードを上げていく。

スピードを上げていくと，インターバルも長い方を選ぶことになる。

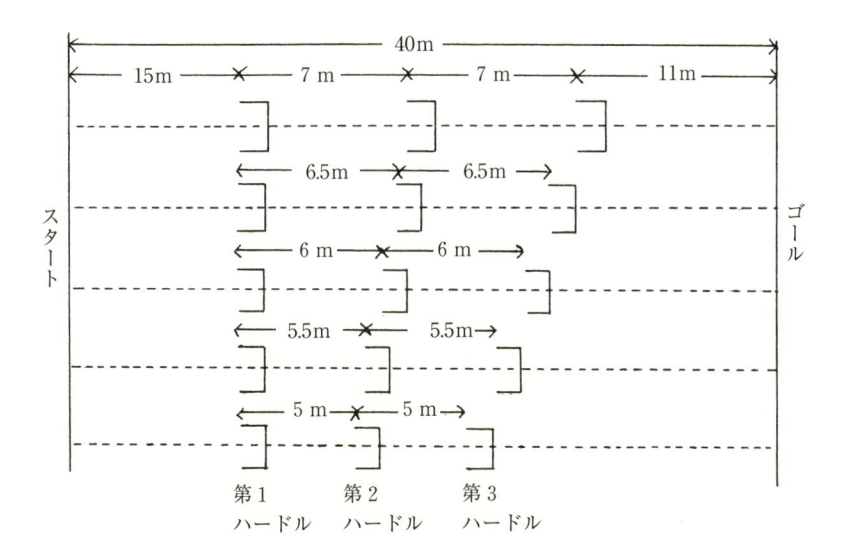

```
|←――――――――― 40m ―――――――――→|
|← 15m ―→×← 7m →×← 7m →×← 11m →|
              ←6.5m→×←6.5m→
                ←6m→×←6m→
              ←5.5m→×←5.5m→
                ←5m→×←5m→
              第1    第2    第3
              ハードル ハードル ハードル
スタート                              ゴール
```

　スタートから第1ハードルまでの距離を，およそ15mとしたのは，十分スピードにのれる距離が15m程度と考えたからである。少なくとも10mは必要である。

　短いインターバルから徐々にスピードを上げて走り，自己に適したコースを選ばせるとよい。

　インターバルが広すぎると第2ハードルのふみきりが苦しくなり，とびこすのがやっととなって，第3ハードルまでスピードの持続が困難になる。第3ハードルまでスピードが維持できる程度のインターバルを選んで練習するとよい。

（4）着地足を速くつく

　自分に合ったインターバルが決まったら，そのコースで練習を進めていく。まず，着地足を速くつくこと（かきこみ）を意識していく。

①よく見かけるつまずきの例

　大きくとび上がり，足を大きく開く。そのまま遠くに着地をする。このとび方だと次のような欠陥が出てくる。
・スピードが落ちてしまう。
・着地足に強い負担がかかり，ひざや足首を痛めるおそれがある。

②着地足を速くするためにはぬき足を速く引きつける

★上体を前に倒す

足の引きつけを速くする

(5) ぬき足をすばやく前に出す

　着地足を速くつくことと，ぬき足を速く引きつけることは，互いに関連した動きであるが，速く引きつけたぬき足をすばやく前に出していくことが必要である。

　ぬき足を前に出していくことは，意識的に練習していかないと，前に述べたような空中を飛ぶようなフォームになりがちになる。

　着地した足が遠いとぬき足が前に出にくくなり，そこでスピードも落ちてくる。インターバルの第1歩が短くなるので，次のハードルのふみきりが遠くなり，とびこしが苦しくなってくる。

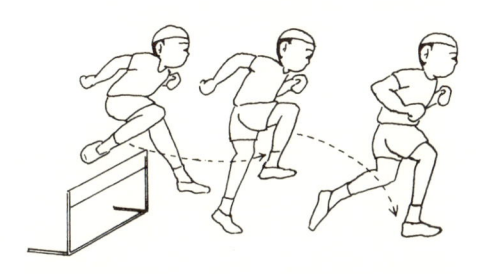

★ぬき足を速く前に出すと，次の第1歩目が大きくとれる

(6) ふみきりを遠くする

ハードルはスピードが出てくれば必然的にジャンプが低くなるものであるが、ジャンプの仕方を低くすることによってスピードを上げていくことも練習の要点である。

①ふみきりと着地との関係

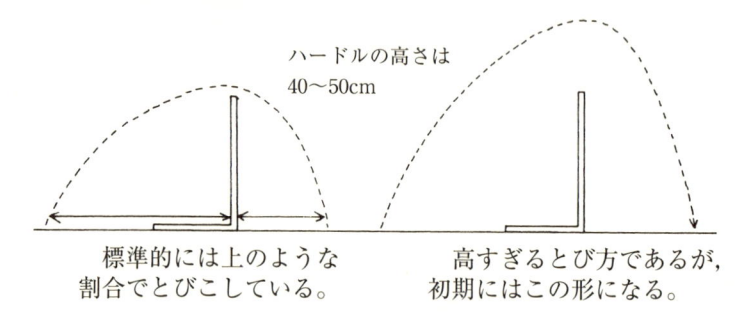

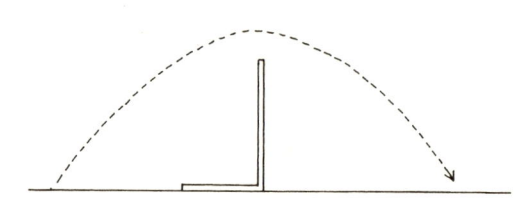

ハードルの高さは 40～50cm

標準的には上のような割合でとびこしている。

高すぎるとび方であるが、初期にはこの形になる。

大またとびで着地足の引きつけが遅い。滞空時間が長いのでスピードがなくなり、着地足に強い負担がかかる。

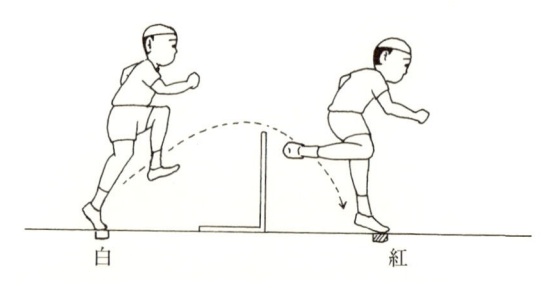

白　　　紅

仲間に紅白玉を置いてもらい、実際にとんだときのふみきり地点と着地地点を調べてみる。

②ふみきり地点を決める

　前ページにあるように，実際にとんでみてふみきり地点と着地地点との関係を調べてみる。

　うまくとんでよくスピードにのっている人のものを参考にする。

　うまく飛んでいる人のふみきり地点に印をつけ，インターバル別のコースにそれぞれめやすとしての印をつける。その地点から前後10～20cm程度の幅をもたせて線をかき，ふみきり地点として練習する。

　また，ふだん自分のとんでいるふみきり地点を見つけ，それよりも10～20cm程度手前からふみきるようにめやすの印をつけて，練習する方法もある。

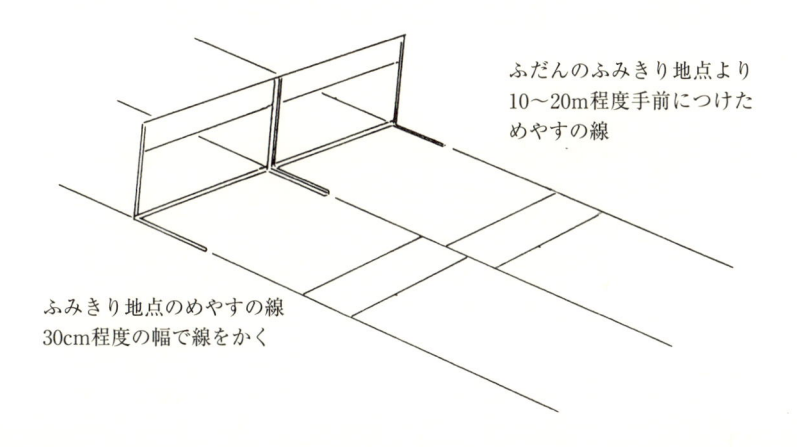

ふだんのふみきり地点より
10～20m程度手前につけた
めやすの線

ふみきり地点のめやすの線
30cm程度の幅で線をかく

(7) 低くとぶ工夫

ふみきり地点が遠くなると，必然的に低くとぶようになるが，低くとぶと足を引っかけるのではないかというこわさがあるので，それを除くためにいくつかの練習方法を工夫するとよい。

①ハードルに紙をつける

画用紙ぐらいの大きさの厚紙をハードルの中央につけて，それに振り上げ足がさわる程度に低くとんでみる。

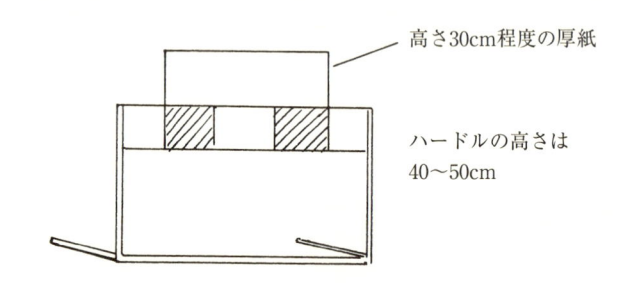

高さ30cm程度の厚紙

ハードルの高さは40～50cm

②ぬき足を横にまげてとぶ

ぬき足でハードルを引っかけるのではないかというこわさがあるので，ぬき足を横にまげてとぶ練習をする。

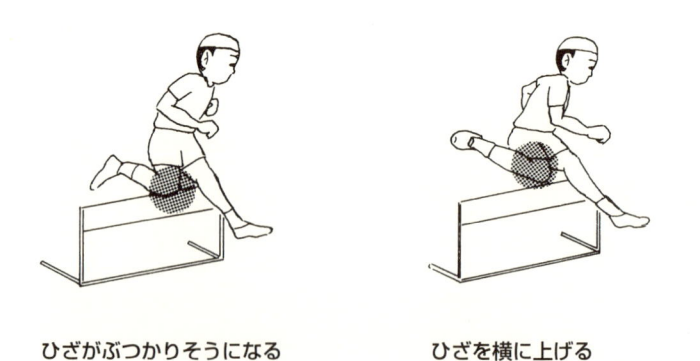

ひざがぶつかりそうになる　　　ひざを横に上げる

(8) ぬき足の練習

　低くとぶ工夫としてぬき足のまげ方を示したが，これだけを取り出して練習する。

①ハードルの横でぬき足だけの動きを練習する
　　1) ひざを横に上げてハードルをこす　　2) ハードルをこしたらすばやく前に出して第1歩をふみ出す

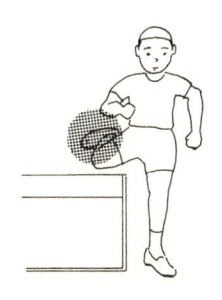

足先が外を向く　　　　　　　　　　ひざを前に引き上げる

②上の図を横から見た図

　ひざを横に上げてすばやくハードルをこし，前に出していく。ももを上げることと，体全体が前に出て行くことが大切である。上体が後ろに遅れないようにする。

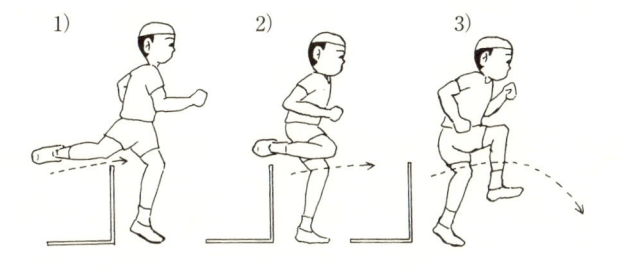

1)　2)　3)

(9) ディップ（上体の前傾）を意識する

　ハードル走で十分スピードにのって走るためには，振り上げ足をまっすぐに上げ，バランスよくとびこして直線上を走ることであるが，振り上げ足をまっすぐ上げたときに，上体が起きてしまうとスピードにのりきれない。このためディップ（上体の前傾）を意識してとぶことが必要になる。

1) 低くとぶ　　2) ぬき足の引きつけが速い　　3) 上体を前傾させる　　4) ぬき足が速く前に出る　　5) 第1歩が大きい

＜つまずき＞

　高くとんで上体が遅れ，着地後の第1歩が大きく出ない。

1) 高くとぶ　　2) 上体が起きている　　3) ぬき足の引きつけが遅い　　4) 上体が遅れ，スピードにのれない　　5) 第1歩が小さい

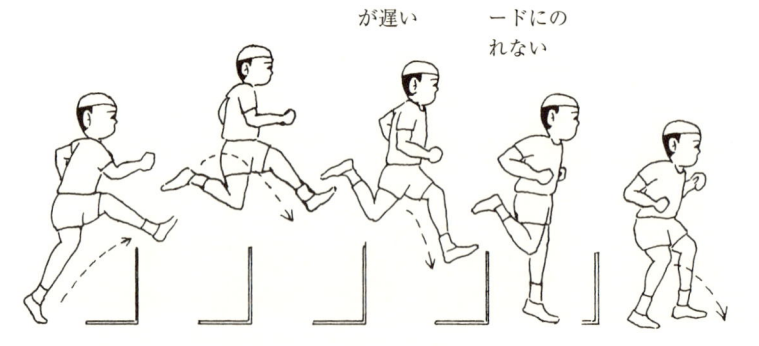

3 ハードル走の競争

(1) 50mフラット走との比較

　ハードル走では，自分に合ったインターバルで自己との競争という形でタイムをとって向上させていく。

　50mフラット走とのタイムの差を出して，ハードル走のスピードが十分に出しきれているかどうかを見ていくことも1つの競争であり，自己への挑戦である。

ハードル走の記録

	1回目	2回目	3回目	ハードル走の評価
50m フラット走				50mフラット走との差 　1秒以内……A 　1.5秒以内……B 　1.6秒以内……C
50m ハードル走				
タイムの差				

　50mフラット走は，単元のはじめに測定しておき，毎回測定する必要はない。しかし，ハードル走の練習をしている間に短距離走の力も伸びてくるので，最後に記録をとっておくとよい。

　フラット走とハードル走のタイムの差は短いほどよいが，ハードル3台で，1秒以内であれば合格（評価はA）と見てよい。0.6秒以内であれば優秀である。

(2) ハードル走を利用したリレー

リレーの場合はインターバルの違うコースをつくることが困難であるが，下のような工夫もできる。

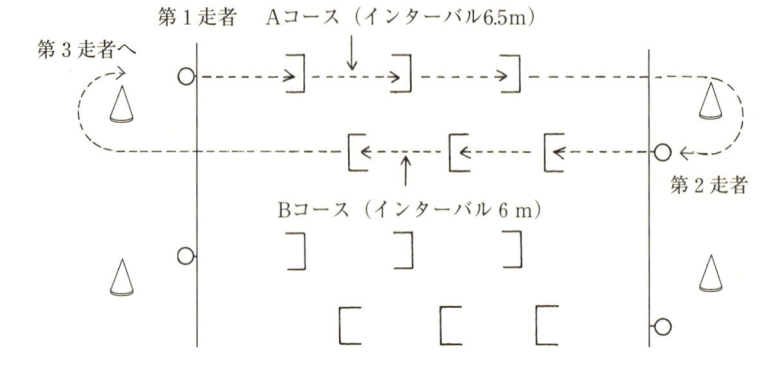

1組に2つのインターバルの違うコースをつくり，どちらかを選んで走れるようにする方法である。次の走者がどちらを選ぶかでスタートの場所がかわる。また，次のような方法をとることで，細かく各走者のインターバルに合わせてハードルをセットすることもできる。

(1) 第1走者のインターバルに合わせてAコースのハードルをセットする。
(2) 第2走者のインターバルに合わせてBコースのハードルをセットする。
(3) 第1走者はAコースを走り，折り返して第2走者にバトンを渡したら，第3走者用にAコースの第3ハードルを，第4走者用にBコースの第2ハードルをセットする。また，第3走者が走り終わったら第5走者用にAコースの第3ハードルをセットする。
(4) 第2走者は第3走者にバトンを渡したら，第4走者用にBコースの第3ハードルを，第5走者用にAコースの第2ハードルをセットする。

　★AコースとBコースの間にポイントを打っておいて（86ページ参照），そのポイントに合わせてハードルをセットするようにする
　★めんどうなようだが，A，Bコースの第1ハードルは動かす必要がないので，2台ずつセットすればよい

5 持久走（ペースランニング）

1 持久走の特性と基礎的練習

（1）持久走の特性

　陸上競技の長距離走は，マラソンに代表されるように，一定の距離を速く走ることを目標としている。これに対して持久走（ペースランニング）は，個人が設定した目標タイムをめざして走る教材である。長距離走がタイムを他者と競うものであるのに対して，持久走は自分自身と競う運動だと言ってよいだろう。

　したがって，持久走の教材では，ゴールに早く到着した順に，1位，2位と着順をつけ，競わせることよりも，目標としたタイムにどれだけ近づけたかが学習目標となる。

　では，なぜ長距離走ではなく持久走なのかを考えておこう。陸上競技では，他者よりも速く走り，遠くへとぶことを競うことが目標とされる。このことは，現実の社会での競争に勝ち残っていくことに共通するものとしてとらえられる傾向があり，自分が勝ち上がっていくことにのみ価値を見出そうとする側面をもつ。そのため，指導をまちがえると，子どもたちにこのようなひたすら勝利をめざせ，という考え方を植え付けかねないのである。

　これに対して，持久走は，一人ひとりのめざすタイムが違っているため，早くゴールに到着しても目標タイムに近づいていなければ，そのことは価値をもたなくなる。速ければよいというわけではないのであり，競争として見れば自己タイムへの誤差レースという性格になるため，一人ひとりが自分のペースで競争できる。

　生まれつき走ることが速い子もいれば，そうでない子もいる。持久走では，どの子も自分のペースに合わせた目標タイムを設定し，その目標タイムにいかに近づけたかが競われるため，速い子，遅い子という固定的な価値観が崩されていく可能性がある。

持久走は，このように能力差に関係なく競うことができる運動である。この競争の仕方を子どもたちが知ることは，能力に差があっても，誰もが運動の楽しさを獲得できる運動が現実にある，ということを理解していくことになる。持久走は，そのような将来のスポーツの創造のためにも価値のある教材なのである。

(2) 持久走の練習方法

1. 学習カードに日付，曜日，名前などを記入させる。
2. 右の図のように，手首を指で押さえて脈拍数をはかり，学習カードに記入する。
   - ★脈拍は30秒間数え，2倍して1分間の脈拍数にする
   - ★脈拍のはかり方は，教室などで扱っておいてもよいし，手首にペンで印をつけておいてあげてもよい
3. 2人ずつ組になってペアーをつくる。ペアーのどちらか1人が600m走の前半組で走る。
4. 教師は，「用意，スタート，イチ，ニイ，サン，シイ……」と録音したCDなどでタイムを流す。
   - ★タイムの声は，走っている人には聞こえないように流す
5. 走らない人は，タイムが読み上げられているCDなどのそばに座り，組んでいるペアーの人の1周ごとのタイムを記録する。
6. ゴールしてきた子ども数人をまとめて，走り終わった後の脈拍数をはかる。「走り終わった後の脈はかり第1回目，用意してください。用意，はい。……やめ。数えた数を2倍してカードに記入してください」「脈はかり第2回目，まだはかっていない人は用意してください。用意，はい。……やめ」のように呼びかける。
   - ★走った後の脈拍は，胸に手をあてることでもとれる
7. 前半組が全員走り終えたら，記録をとっていた人と交代して，後

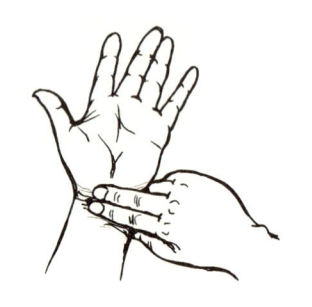

半組が600m走をする。前半組と同様に，CDなどでタイムを流し，走らない人はペアーの人の1周ごとのタイムを記録する。走り終わった後は脈拍数をはかる。

8. 校庭あるいは教室で，ペアーの人に記録してもらった600m走の記録を，1周ごとのラップタイムに計算し，グラフにする。
9. グラフをもとに，1周の目標ラップタイムを考えて，記入する。
10. 本時の感想を脈拍数の差などとともに記入し，学習カードを完成させる。

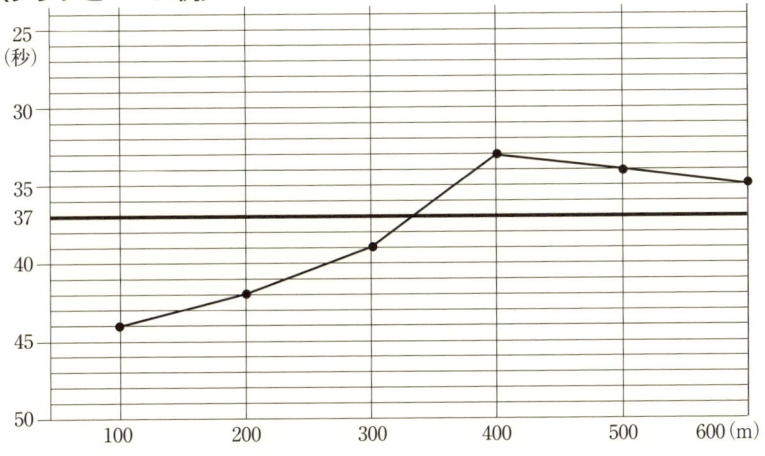

〈グラフとペース例〉

★上記のグラフは1周100mのトラックで行ったもの
★グラフ中の37秒の太線は，グラフをもとに設定した目標ラップタイムである

❖ 指導のポイント ❖

①持久走テープの作成

　CDなどに，「用意，スタート」から1500秒（25分）までのタイムの読み上げを録音しておく。読み上げは，分単位だと計算がめんどうになるので，必ず秒単位で読み上げて録音する。1000秒まで読み上げた後は，また1秒から読み上げ直すとよい。

②学習カードの作成

　学校によってトラック１周の距離が違うので，それぞれの距離に合わせて学習カードをつくっておく。

　〔例〕たとえば，１周133ｍの校庭であれば，３周で400ｍ（133×３＝399），６周で800ｍとなるので，試し走は800ｍとしてもよい。

③１周ペースの設定

　グラフのほぼ横ばいになっているところを基準として１周のペースを考えるとよい。

④持久走の前後の脈拍数の変化

　走る前と走り終わった直後に自分の脈拍数を数えさせておくと，体の変化を知ることができる。体をいっぱいに使って走った後には，脈拍数が150以上になることもあるが，120～130程度に上げた状態で長時間継続的に走る運動をくり返して持久性を養うようにする。

　高学年で毎分150ｍぐらいの速さで走ると，脈拍は150～160ぐらいに上がると言われているが，個人差もあるので，無理をしないことが大切である。

(3) ペースランニングの指導

①ペースランニングのねらい

　これまでも各自のペースで走る経験はしてきているが，それを明確に記録し自分に合ったペースを見つけることや，そのペースを守って走る方法を学習したり，距離を伸ばしてみたり，ペースを修正したりする活動を通して，ペースランニングのおもしろさを味わわせることをねらいとする。

②ペースの設定

　ペースの設定の方法にはいろいろあるが，これまでの実践から次のような方法をとってみたい。

(1) 400〜600mを好きな速さで走る

できるだけ区切りのよい距離（400または600m）のコースを設定し，好きな速さで走ってそのタイムを測定する。

400〜600mとしたのは，長距離を持続して走る苦しさを，ある程度感じる距離と考えられるからである。

★好きな速さで自由に走る

(2) 100mの目標タイムを決める

600mが186秒であった場合，186÷6＝31で，100mの目標タイムは31秒になる。

(3) 第1次ペースの定着

前記の目標タイムを第1次ペースとして，同じコースをこのペースで走る。3回ぐらいで自分のペースをつかむように練習する。

速さの競争ではなく，各自のペースを守って走る走り方の工夫をする。

a) 歩幅をほぼ一定に保ちリズムを整える

b) 呼吸のリズムをほぼ一定にする

c) 地面を見て速さを感じとる

★歩幅に注意する

★「スス，ハハ」のリズムに注意する

(4) ペースの測定方法

104～105ページで紹介したように、2人組みのペアーを組み、タイムを読み上げる声を録音したものを流し、ペアーの人にタイムを記録してもらう。

(5) 目標タイムの修正

走り終わったら、100mごとのタイムを計算し、グラフをつくる。グラフを見て、第1次ペースで設定した目標タイムが適当かどうかを判断し、適当でない場合は新たな目標タイム（第2次ペース）を設定する。

〈目標タイムが遅すぎた場合〉

目標タイムの太線よりも上の位置にグラフがきている。このような場合は、グラフが横ばいになっている位置に目標タイムを修正するとよい。

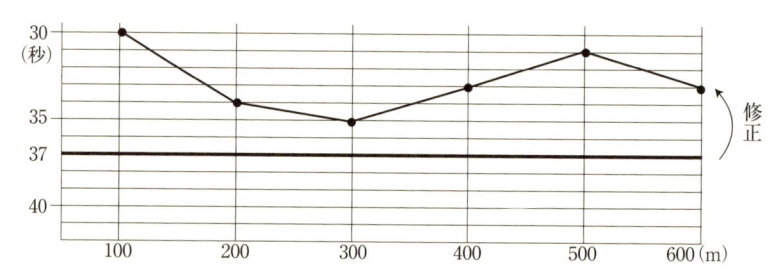

〈目標タイムが速すぎた場合〉

目標タイムの太線よりも、下の位置にグラフがきている。目標が速すぎて無理があったということなので、このような場合も、グラフが横ばいになっている位置に目標タイムを修正する。

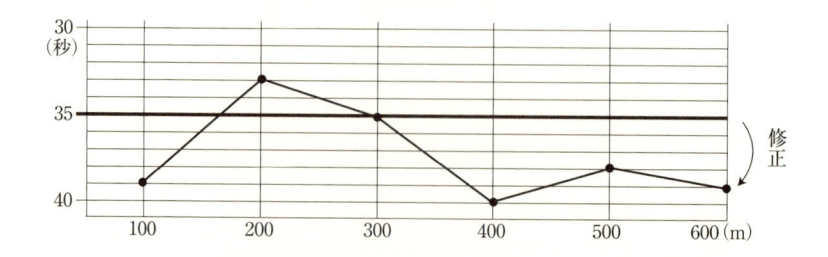

〈ペースが前半と後半で一定していない場合〉
　基本的には，後半のペースを参考にして目標タイムを修正する。後半のペースで，少し速くして設定するとよい。ただし，前半のペースをめざす場合もある。その場合は，前半のペースよりやや遅くし，下のグラフであれば37秒ぐらいで設定するとよい。

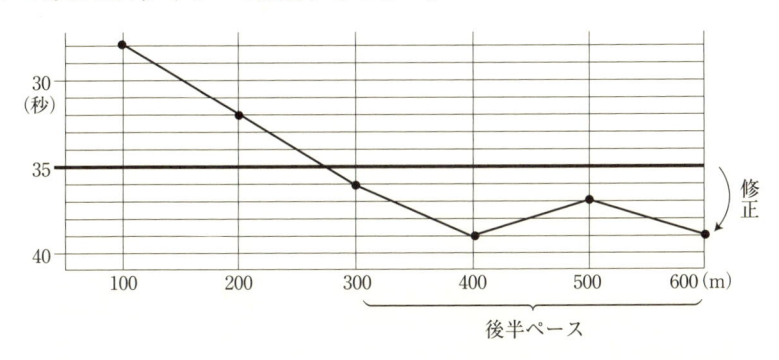

　脈拍数は，走り終わった直後にとるようにするが，各自の脈拍数がどの程度上がるかを参考にしていくとよい。持久性がついてくれば，上がり方も少なくなり，平時の脈拍数に戻るのも早くなると考えてよい。

③同一ペースで距離を伸ばす
(1) 予想ペースの設定
　長距離（1000～2000m）を走ることを予想して，400～600mを楽なペースで走り，第1次のペースを設定する。
(2) 100mペースを決定する
　たとえば，600mのペースが決まったらそのペースを100mに直す（600mのペースタイム÷6）
(3) 実際に走る距離の目標タイムを設定する
　たとえば，800mのコースを走るとして，100mのペースを8倍したタイムを目標タイムとする。
(4) 目標タイムと実際に走ったタイムとの差を少なくする
　目標タイムとの誤差が少ないことは，ペースを守って走ることができたことであり，ペース感覚が定着したことになる。

(5) 同じペースで距離を伸ばす

　たとえば。1000mのコースを設定し，100mのペースを10倍して新しいタイムを設定する。

(6) 新しい目標タイムと実際に走ったタイムとの差を少なくする

　距離が伸びてもペースをくずさずに走り続けられるかどうかを見る。

(7) 目標タイムとの誤差が記入された学習カードの例

2回	1月18日(月)	名前					脈拍	前 98	後 180	差 82	内容タイム	本日の成績
1.距離	1周(100m)	2	3	4	5 (500m)	6	7	8	9	10 (1000m)	目標タイム	270
2.タイム	24	48	74	105	135	165	195	228	255	285	実際タイム	285
3.計画		24	48	74	105	135	165	195	228	255	誤差	遅い(+)15 速い(-)
4.ラップ	24	24	26	31	30	30	30	33	27	30	目標ラップ	27

(4) ペースランニングの誤差レース

①誤差レースとは

　自分の能力に応じたペースを設定し，そのペースを守って走るのがペースランニングである。ゴールインしたときの実際のタイムと目標タイムとの誤差の大小で競争するのが誤差レースである。

　このレースは，速さを競うものではないので，遅い子でも勝つことはできるし，過重な負担をかけることもない。いかにうまくペースを維持したかを競うのである。

②誤差レースの方法

　2人1組となり，1人が走り他の1人が1周ごとのラップタイムとゴールインしたときのタイムを記録する。走者にテープレコーダーからのタイムの読み上げが聞こえると，ゴール前でスピードを調整したりするので，記録者だけに聞こえるようにボリュームを下げる。

③レースプランをつくった誤差レース

　誤差レースは，走者の考えによってさまざまなレースプランをつくって走ることができる。

〈挑戦派〉

　600mの目標ラップタイムのままで，1000mを走りきろうとした場合の例

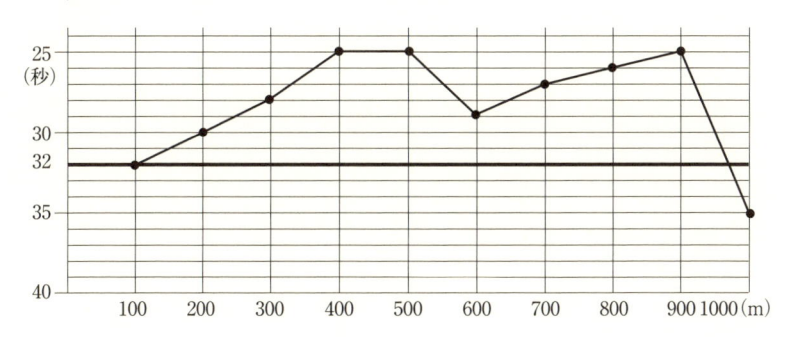

〈慎重派〉

600mの1周ラップタイムより数秒下げて、安定して1000mを走ろうとした場合の例

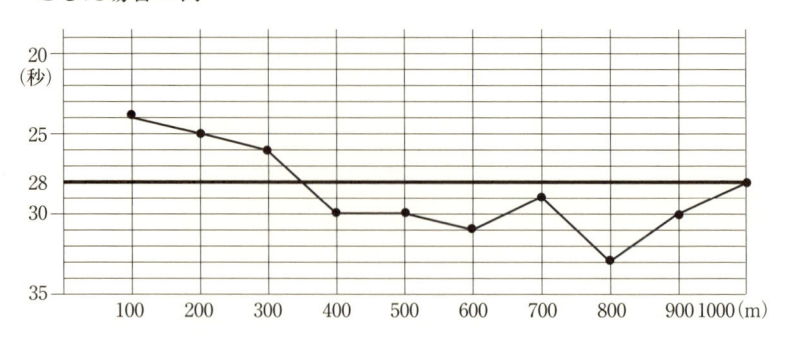

〈ペース合わせ派〉

まだ1周ペースが一定しないため、慎重派と同じように1周ペースを押さえ目にして、ペースを安定させようとした場合の例

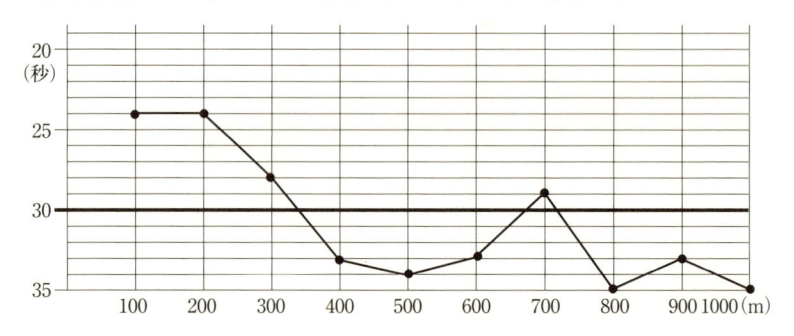

6 走り幅とび

1 走り幅とびの特性と基礎的練習

(1) 走り幅とびの特性

　走り幅とびの特性は，思い切り助走をし，強くふみきって飛距離を伸ばすことである。強いふみきりによって空間に体が浮き上がり，前方にぐんと飛び出したときに何とも言えない快感がある。このような，スピードにのった助走からのふみきりと空間動作，着地という一連の運動が走り幅とびの技能（運動能力）なのである。

　ただし，小学生の発達段階では，すべての子が強い瞬発的筋力を発揮できるわけではない。このため，小学生の走り幅とびでは，助走のスピードをふみきりに結びつける「リズムとタイミング」が学習内容の中心となる。

(2) 基礎的練習

①両足での立ち幅とび

　両足ふみきりで，ジャンプ，体の伸び，両足の引きつけ，着地の一連の動きをとらえる。

1) 両腕を調子よく振って，強くふみきる
2) 腕を振り上げ，体を伸ばす
3) 着地寸前で腕を振りおろし，足を前に出す
4) 体を前傾させて，着地する

②片足での立ち幅とび

　片足ふみきりで，ジャンプ，体の伸び，両足の引きつけ，着地の一連の動きをとらえる。

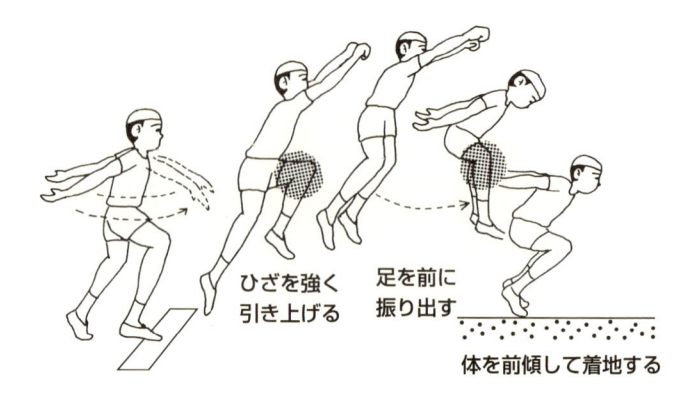

ひざを強く引き上げる　足を前に振り出す

体を前傾して着地する

③１歩助走での幅とび

　上の図同様の動きになるが，両足立ちから１歩ふみ出してふみきる。

　各自の利き足を事前に確かめておき，その利き足がふみきり板にくるように１歩助走をする。

④３歩助走での幅とび

　両足立ちから３歩ふみ出してふみきる。「イチ，ニイ，サン」のリズムで３歩目を強くふみきってとぶ。ふみきり板に利き足を合わせることがポイント。

イチ　ニイ　サン

2 走り幅とびの練習の要点

(1) ふみきりの練習

走り幅とびの成否は，ふみきりによって決まると言ってよい。したがって，はじめの段階（前述の1歩助走，3歩助走の段階）から最終の段階（全力疾走からのふみきり）まで，ふみきりを意識しながら練習することがポイントになる。

①ももの引き上げ

ふみきりと同時に，一方のももを引き上げる練習をする。3歩助走または5歩助走程度の短助走で練習する。

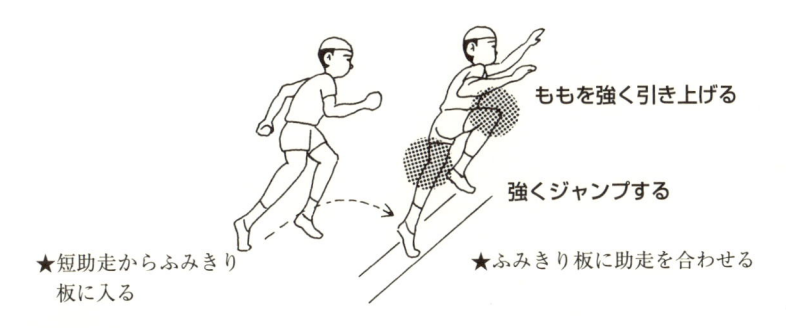

　　　　　　　　　　　　　　　　　ももを強く引き上げる

　　　　　　　　　　　　　　　　　強くジャンプする

★短助走からふみきり　　　　★ふみきり板に助走を合わせる
　板に入る

②腕の振り上げ

ふみきりと同時に，両腕を肩から上に上げる。ももの引き上げといっしょに行い，体全体を上方に浮かしていく。上記と同じ短助走で行う。

　　　　　　　　　　　　　　　　　両腕を肩から上に
　　　　　　　　　　　　　　　　　振り上げる

　　　　　　　　　　　★ふみきり板に助走を合わせる

③足裏全体でのふみきり

ふみきり足は，足裏全体で地面を強くたたくようにしてふみきる。このふみきりとももの引き上げ，腕の振り上げが同時に行われる。

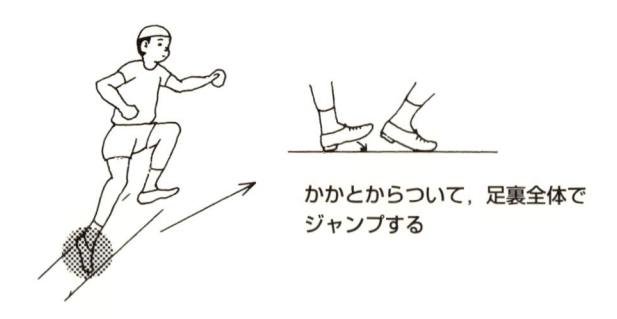

かかとからついて，足裏全体でジャンプする

(2) 空中姿勢の練習

小学校の走り幅とびは，陸上競技でいう反りとびやはさみとびという形にはこだわらず，スピードのある助走から強くふみきって，できる限り飛距離を伸ばすことを目標としている。しかし，反りとびのようなフォームが自然に出てくると考えて指導していくとよい。

①高くとぶ練習

遠くまでとぼうとする意識が強いために，低空飛行で距離が伸びないことが多いので，高くとび上がる練習をするとよい。

ふみきり板からややはなれてゴムをはり，それをとびこして幅とびをする。このとき，ももの引き上げ，腕の振り上げも強調していく。

②腕の振り上げ

　ふみきりでのはじめのひじの振り上げから，さらに両腕を上に振り上げていく。この腕は次の前方への振りこみで重要なはたらきをする。

上方に両腕を振り上げる

ひじの振り上げ

③両足の振り出しと体の前屈

　跳躍の後半に両足を前に振り出し，上体を前屈させて飛距離を伸ばす。

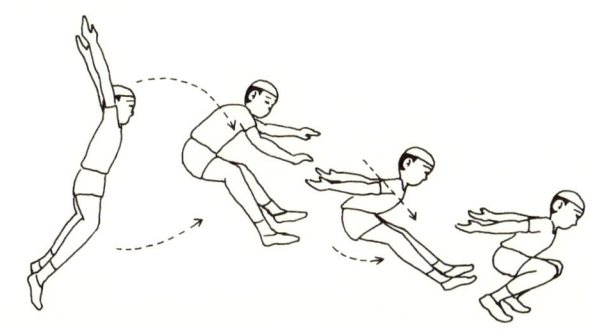

★腕を前方につき出すようにして振り出す。この動作は足の振り出しと同時で，かなりのスピードを要する

★両足を強く前方に振り出す。体を十分にまげる。砂場につくまでは両足をまげないようにする

(3) 着地の練習
①着地は両足でつくようにする

　できるだけ足を前方に振り出して飛距離を伸ばすが、尻をついてしまうとそれだけ記録がマイナスになるので、上体を前屈させながら着地をする。この足の振り出しと上体の前屈がうまくできるように練習する。

1) 体が伸びた状態から、両腕両足を前方につき出すように前屈する
2) 両腕を後方に振り、体の前屈を深める
3) 着地したら前方にのめりこむくらいに、上体を前に倒す

②着地と飛距離の関係

　飛距離の測定は、ふみきり板から着地するまでであるが、その着地の場所は、ふみきり板にもっとも近い場所をとる。

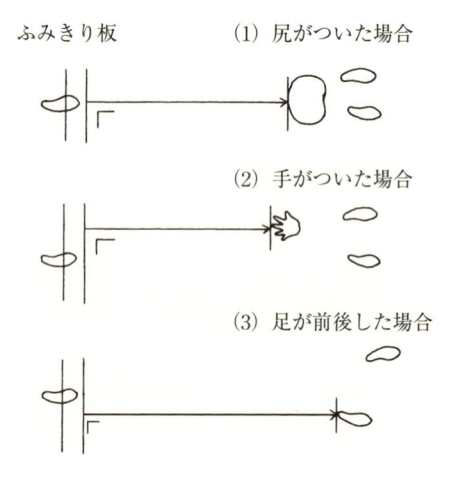

ふみきり板
(1) 尻がついた場合
(2) 手がついた場合
(3) 足が前後した場合

(4) 助走からふみきりの練習

　走り幅とびでは，定められたふみきり板（ふみきりゾーン）で力強くふみきり，より遠くへとぶことが目標であるから，ふみきり板にふみきり足を合わせることが重要な技術となる。このふみきり足の合わせ方の工夫としては，次のような方法がある。

①短助走から次第に歩数をふやしていく

　まず，各自のふみきり足を左右どちらかに決めておく。これは何回かとんでみて，ふみきりやすい方に決めればよい。

(1) 3歩助走でふみきり足を合わせる。

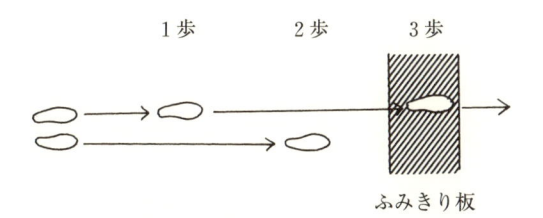

　　　　　1歩　　　　2歩　　　　3歩

　　　　　　　　　　　　　　　　　　　ふみきり板

(2) 5歩助走でふみきり足を合わせる。

　3歩助走から大またで2歩下がり，5歩助走でふみきり足を合わせる。スタートの場所を調整してうまく合ったところに印をつけ，そこから助走してふみきる。

　以上のように，徐々に助走の歩数をふやして距離を伸ばし，全力疾走をしてふみきり板に足を合わせるように練習する。

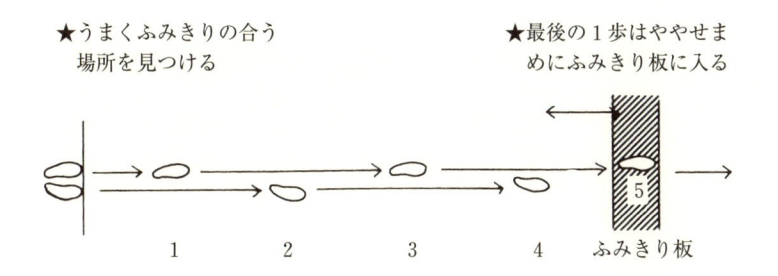

★うまくふみきりの合う場所を見つける　　　　★最後の1歩はややせまめにふみきり板に入る

　　　　1　　　2　　　3　　　4　　　ふみきり板

② 15～20mの助走路で各自の助走距離を見つける

　15～20mの助走路で練習し，自分の走力，跳躍力などに適した助走距離を見つける。助走は長ければよいのではなく，最も跳躍距離の伸びる助走至適距離があることに気づかせる。

　自分の助走至適距離のめやすがついたら，ふみきり板に足が合う地点を見つける。

★3人組で，とぶ者，ふみきり足を見る者，着地の距離を見る者に分かれ，ローテーションする

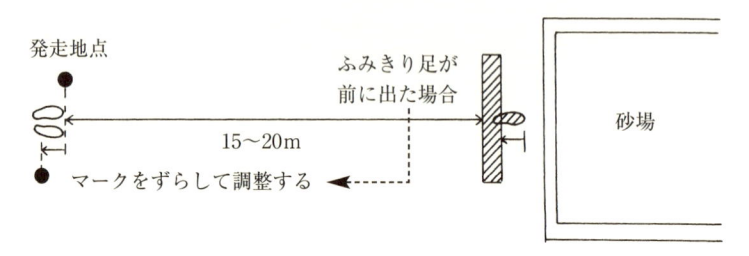

　自分の助走至適距離のめやすがついたら，これを仮の発走地点としてマークをつける。この助走距離で走り幅とびを行う。上図のように，ふみきり足がふみきり板より前に出た場合は，発走地点を後ろにずらして調整する。また，ふみきり足が反対足であった場合は，1歩分をずらして調整する。

(5) 空中動作と着地の練習
① 反りとびに近いとび方

1) ももを引き上げて，力強くふみきる
2) 体を伸ばして反らせる
3) 足を前方に振り出す
4) 腰を落とさずに着地する

② はさみとびに近いとび方

　小学校では一般的に反りとびに近いとび方をするが，体を反らせることに意識が集中すると，力強くジャンプすることがおろそかになる。そこで，はさみとびに似て空中を歩くような形で体を前方に振り出していく方法を指導する場合もある。

1) ももを引き上げて，力強くふみきる　2) 体を伸ばす　3) 腕を前方に振り出す　4) 両足を前方に振り出す　5) 両腕を振りこんで着地する

③ 上体の振りこみと着地

　着地で腰をついたり，後ろに手をついたりしないように，上体を前方に力強く振りこむ。

★着地と同時に上体を強く前に倒し，腰がつかないようにする

★上体をおもいきり前に倒し，着地と同時に腰を前につき出すようにする

7 走り高とび

1 走り高とびの特性と基礎的練習

(1) 走り高とびの特性

　走り高とびは，高さに対する挑戦という点で走り幅とびと異なるが，強いふみきりによって空間に体を浮き上がらせることでは，類似した運動技能を必要とする。助走からの上方へのふみきりとバークリアー，及び着地の運動技能が特性と言える。また，より高くという最大能力への挑戦を課題とした，競争のおもしろさをもっている。

　ただし，小学生の発達段階では，すべての子が走り高とびの技能を獲得できるわけではない。瞬発的筋力が発揮できる中学校段階での学習が望ましい。そのため，小学校では経験させる程度の扱いでよい。

(2) 基礎的練習

①両足での立ち高とび

1) 両腕を調子よく振って，強くふみきる
2) 腕を振り上げてゴムをとびこす
3) 両足で安全に着地する

★腕の振り上げとジャンプの後のひざの引きつけなど，高くとび上がるための全身の動きをとらえる

②片足での立ち高とび 1

　片足でふみきり，その場での立ち高とびをする。片足での振り上げと両腕の振り上げが調子よくいくことと，それと同時にジャンプするタイミングとをとらえさせたい。また，ジャンプした足を引きつけてゴムをこすことも大切なので，ふみきり足のすばやい引きつけも強調していく。ゴムを正面からとぶようにしてみる。

1) 両腕の振り上げと片足の振り上げで力強くふみきる

2) ふみきり足をすばやく引きつけてゴムをこす

3) ゴムをこして，両足で着地する

③片足での立ち高とび 2

　ゴムの横に立って，ゴムに沿って足を振り上げてその場とびをしてみる。

1) ゴムに沿って片足を振り上げてふみきる

2) ふみきり足もゴムに沿って引きつけて，とびこす

3) 片足ずつ着地する

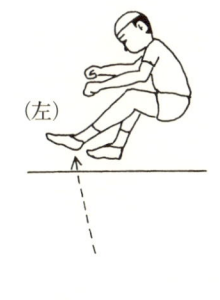

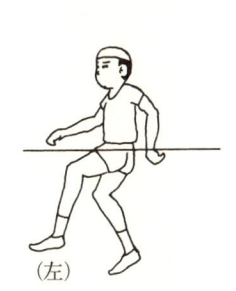

(左)　(左)　(左)

④短助走からの走り高とび

　3〜5歩程度の短助走から，楽にとべる高さのゴムをとびこえる。ここでは，振り上げ足とふみきり足の調子がうまくいくことと，ふみきり足をすばやく引きつけることに注意して練習する。

1) 3〜5歩の助走　2) 足の振り上げ　3) 強いふみきり　4) ふみきり足の引きつけ

2　走り高とびの練習の要点

(1) 助走とふみきりの練習

　走り高とびでは，とび方によっては助走の方向やふみきりの方法が違ってくるが，いずれにしろ助走とふみきりによって跳躍の成否が決まってくる。下の図は，とび方によって異なる助走の方向とふみきり足の違いを示したものである。

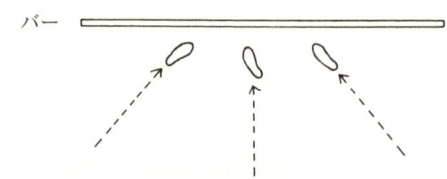

バー

ロールオーバーの助走
　足型は左足ふみきりの場合。振り上げ足は左足

正面とびの助走
　足型は左足ふみきりの場合

はさみとびの助走
　足型は左足ふみきりの場合。振り上げ足は右足

★右足ふみきりの場合は，正面とびを除いて助走方向が左右逆になる

①高とびではなく幅高とびになりやすい

　助走のスピードに頼ろうとしたり，バーが気になったりしてふみきり地点が遠くなり，上にとび上がらず幅とびのようになってしまうことが多い。下の図はこれを表したものである。

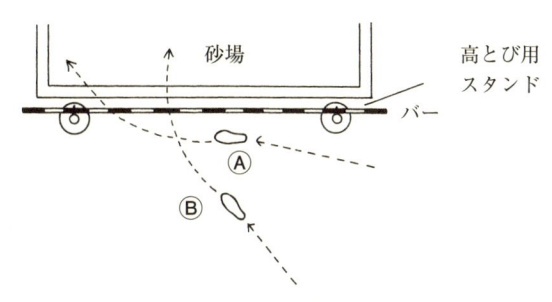

　Ⓐの場合ははさみとびでバーの近くまで助走しているが，バーに沿って遠くまでとんでいる。このような場合は砂場の端までいく危険性がある。

　Ⓑの場合はやや正面とびに近づいているが，バーが気になってふみきり地点が遠く，かなりの幅をとんでしまう。

②ふみきり地点と助走の角度

　バーが高くなればふみきり地点も次第に離れてくるが，バーの真下から40〜50cmぐらいの場所で，各自のふみきりやすい地点を決める。

　助走の角度は45〜60度ぐらいの間が適切であるが，初期の段階ではどうしてもバーに沿って小さい角度で入りたがる。次第に下図の角度から入るようにしていくとよい。

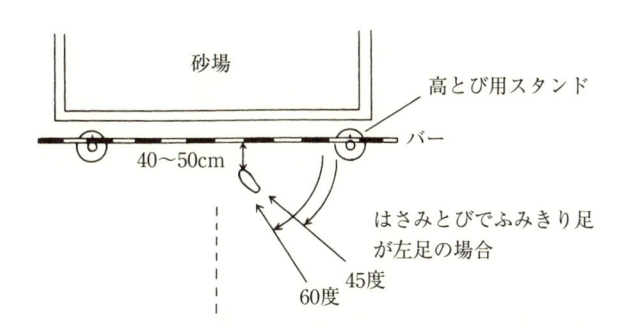

③5歩助走の仕方

　利き足のふみきり足からスタートする。はじめの2，3歩目まではやや前傾して走り，スピードを上げていく。4，5歩目で上体を起こし，かかとをつけて歩幅をやや広くとってふみきりに入る。

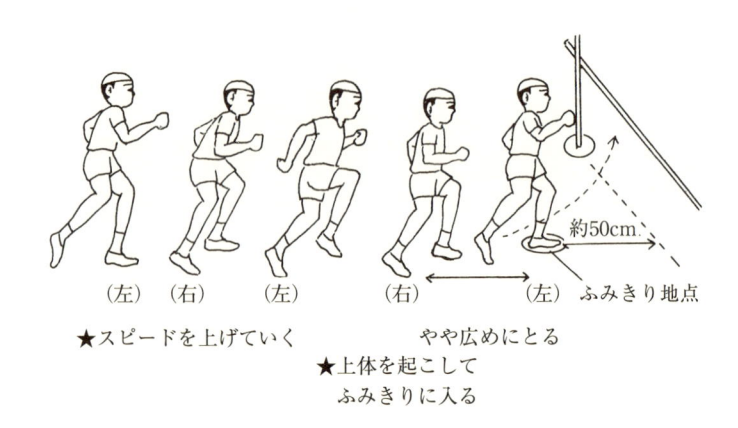

（左）　（右）　（左）　（右）　（左）　ふみきり地点

約50cm

★スピードを上げていく　　★上体を起こして　　やや広めにとる
　　　　　　　　　　　　　　ふみきりに入る

④7歩助走の仕方

　5歩で調子よくとべるようになったら，7歩に伸ばしてとぶ。ふみきり足からスタートして，はじめの3～5歩はやや前傾してつま先で走り，スピードを上げていく。後半は次第に上体を起こしてかかとをつけ，歩幅をやや広げてふみきりに入る。

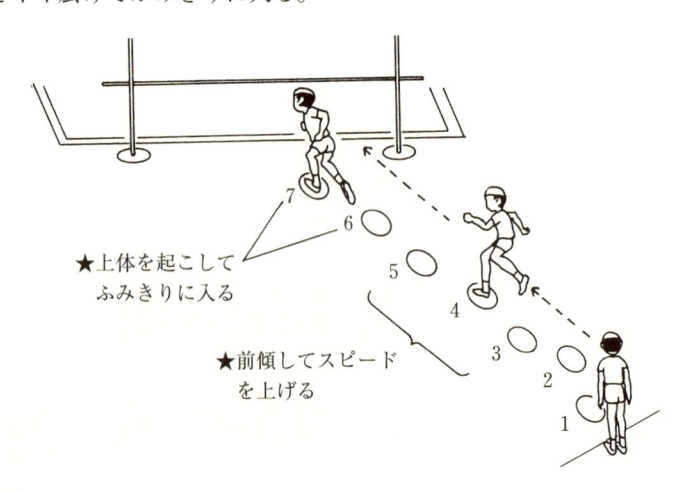

★上体を起こして
　ふみきりに入る

★前傾してスピード
　を上げる

(2) ふみきり足と振り上げ足

①ふみきり地点の決定と振り上げ足

　バーの真下から約50cm離してバーに平行なラインを引き，そのラインをめやすとしてふみきって高とびをする。自分のとび方に合ったふみきり地点を決定する。この場合，50cmラインからはなれすぎないように注意し，幅高とびにならないようにする。

1) ふみきりは足裏全体で，強くつっぱるようにする

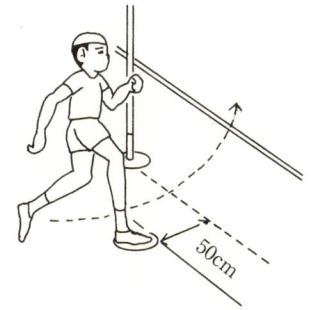

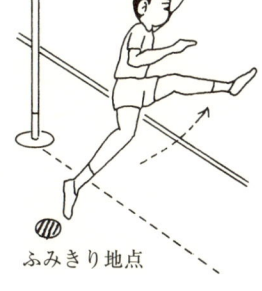

2) ふみきりと同時に，振り上げ足のももを高く上げる。肩から腕を振り上げ，体を引き上げる

ふみきり地点

②振り上げ足の練習

　振り上げ足でバーを落とすことのないように，バーに平行に近く振り上げる。しかし，そのために助走の角度が小さくならないようにする。バーに対する角度は45度程度がよい。

(3) 空中動作と着地

①ふみきり足の引きつけ

振り上げ足に続いて，ふみきり足がバーをこさなくてはならない。そのためにはふみきり足をすばやく引きつけることが大切である。

1) 足の振り上げと強いふみきり
2) ふみきり足の引きつけ
3) 振り上げ足をおろし，ふみきり足を胸に引きつける

真上に振り上げる　　ふみきり足を強く引きつける　　ふみきり足の引きつけを強調する

②体のひねりと着地

振り上げ足がバーをこしたらすぐに，下に振りおろし，同時にふみきり足を強く胸に引きつける。そして，上半身を助走路側にねじるようにしてバーをこす。このねじりで，立っていた体を横に倒すようにして，腰でバーを落とさないようにする。

1) ふみきり
2) 足の振り上げ
3) ふみきり足の引きつけ
4) 上体のひねり
5) バーのクリアー
6) バーの方向を向いた着地

上体を倒してバーをこす

Ⅳ 評価

　高学年の重点教材である「ハードル走」を例に，評価の仕方の事例を紹介する。
　なお，「指導したことを評価する」のであって，評価するために指導するのではなく，評価したことは指導に役立てられなければ意味がない。つまり，以下に示す事例も「通知票（評定）」のための評価ではなく，指導のための評価事例である。

1. ねらい

　　＜できる＞　　・ハードリングの技術がわかり，自己記録を短縮することができる。
　　＜わかる＞　　・仲間や自分のハードリングを観察・分析し，速く走る方法を理解する。
　　＜学び合う＞・互いに協力して，教え合い高め合うことができる。

2. 評価規準

　　＜できる＞　　・ハードリングの技術を獲得し，自己記録の短縮ができる。
　　＜わかる＞　　・速く走るためのハードリングの仕組みについてわかる。
　　＜学び合う＞・互いのハードリングを観察し合い，協力して練習や記録会をすることができる。

3. 評価の実際（5年生の例）

第3回目の授業例「『4歩のリズム』の獲得」

（1）本時のねらい
　○自分に合ったインターバルで，4歩のリズムで走ることができる。

（2）評価事例

【評価規準】　B規準（すべての子に到達してほしい内容）
＜できる＞　・自分に合ったインターバルで，「4歩のリズム」で走ることができる。
＜わかる＞　・「4歩のリズム」で走ることができるインターバルを見つけることができる。
＜学び合う＞・互いに観察し合い，「4歩のリズム」になっているかどうかを教え合うことができる。

【評価規準】　A規準（発展的にめざしてほしい内容）
＜できる＞　・トップスピードを維持したまま「4歩のリズム」で走りきることができる。
＜わかる＞　・自分に合ったインターバルを，いくつか試して見つけることができる。
＜学び合う＞・互いの走りを観察し，「4歩のリズム」になるように助言することができる。

☆A規準は発展的な目標でもあるので，B規準（すべての子に到達してほしい内容）を達成できた場合や，達成できる見通しをもつ中で提示する。

第4回目の授業例「低いハードリングの発見」

(1) 本時のねらい
○4歩のリズムで速く走るためには,「低いハードリング」をするとよいことがわかる。

(2) 評価事例

【評価規準】	B規準（すべての子に到達してほしい内容）
＜できる＞	・4歩のリズムで走りながら,「低いハードリング」をめざすことができる。
＜わかる＞	・速く走るためには,「低いハードリング」が有効であることがわかる。
＜学び合う＞	・互いに観察し合い,「低く」走れているかどうかを教え合うことができる。

【評価規準】	A規準（発展的にめざしてほしい内容）
＜できる＞	・4歩のリズムで「低いハードリング」ができる。
＜わかる＞	・速く走るためには「低いハードリング」が有効であることがわかり,その理由を考えることができる。
＜学び合う＞	・互いに観察し合い,仲間の課題について具体的に助言することができる。

第8回目の授業例「振り上げ足伸ばしの発見」

(1) 本時のねらい
○インターバルをさらに伸ばすためには，振り上げ足をまっすぐに伸ばすとよいことがわかる。

(2) 評価事例

【評価規準】　B規準（すべての子に到達してほしい内容）
＜できる＞　　・低く走りながら，「振り上げ足伸ばし」をめざすことができる。
＜わかる＞　　・「振り上げ足をまっすぐに伸ばす」ことが有効であることがわかる。
＜学び合う＞・互いに観察し合い，「振り上げ足が伸びている」かどうかを教え合うことができる。

【評価規準】　A規準（発展的にめざしてほしい内容）
＜できる＞　　・「振り上げ足伸ばし」ができ，インターバルを伸ばすことができる。
＜わかる＞　　・「振り上げ足伸ばし」の有効性がわかり，その理由を考えることができる。
＜学び合う＞・互いに観察し合い，仲間の課題について具体的に助言することができる。

＜参考文献＞
『陸上の授業』（大貫耕一，えみーる書房，1993年）
『体育科の重点教材 指導アイディア集』（大貫耕一，小学館，2002年）

おわりに

●その日暮らしの授業

　教員生活の5年目がすぎようとしていた頃，私はその日暮らしの授業をしていた。教材研究をせずに教室へいき，教科書を開いてその場で何とか授業をごまかしていた。子どもたちとは仲よくできていたし，若さとパワーで子どもたちとよくあそんでもいた。放課後にできない子を残し，遅くまで個人指導もした。授業とは，そのようなものだという気になっていた。充実感や達成感などなかったが，それでも何とかなった。研究会で見る公開授業も，はじめはすばらしいものに見えたが，やがて内情がわかってくると，その日のためにつくり上げられたものばかりで，一種の芝居としか思えなかった。公立学校の教師は，いわゆる赤本を使い，教科書通りの味気ない授業をし，そのために子どもたちが高まらなくてもとがめられることは少ない。このため，教師の多くは，5年目前後に教育実践に対しての情熱が衰えていってしまうのだ。

　もしも「出会い」がなかったら，私も趣味に走り，その日暮らしの授業（授業といえる代物でなかったが）を続け，教師としての力量を高めることはできなかっただろうし，子どもに対する見方も，自分自身の生き方もいい加減なもので終わっていたかもしれない。

　そんなとき，私は「民間教育研究」に出会った。

●民間教育研究との出会い

　私がはじめて出会った民間教育研究団体は，本書の著者の岡田和雄さんを中心とした学校体育研究小学部会という小サークルだった。

　この小学部会に私がはじめて実践レポートをもっていったのは，自分が選手活動をしていた水泳の指導に関するもので，夏休み中のかなりの時間をかけての指導結果をまとめたものだった。小学部会でレポートの報告をした私に，メンバーから矢継ぎ早の質問が浴びせられた。泳げるようにはしたが，どちらかというと時間と情熱で泳げるようにした，と

いう実践だから答えたくないことはいくつもあった。しかし，30分ばかりの質問攻めで，私の実践のすべてがさらけだされてしまった。そして参加メンバーからの評価は「泳げるようになってあたりまえだね」の一言だけ。話題はすぐに次のレポートに移ってしまったのだ。

　ショックだった。指導や授業に対するいい加減な姿勢を思い知らされた。どうしたらいいのかはまだわからなかったが，「本物」に出会えたということだけはわかった。このときから私は，同志会をはじめとする民間教育研究団体の授業研究や実技研究会に参加するようになり，そこで「本物」の教育実践を学ぶことになったのである。

● **困難を乗り越えて**

　公立学校の教師に対する管理が強化されている現状で，教育実践の専門職としての力量を上げていくことは，かなりの労力を要する。子どもたちと向き合い共にすごす時間よりも，書類書きなどのデスクワークに忙殺されてしまう現状に悩む教師は少なくない。また，忙しさが増す中で，教師同士の同僚性も弱まり，教育実践そのものが大変孤独な営みとなっているのである。

　困難は多い。しかし，その困難なことが多いが故に，力量のある「本物」の教師が求められている。授業をよりよくしようと思ったら，「学ぶ」しか道はない。本当のことを，平等な関係の中で探究している人々と共に学び，そして自らが試し，確かめるしか方法はない。

　「生きる力」のスローガンのもと，子どもたちの個性を重視した教育が求められているが，個性的な子どもたちを育てるためには，私たち教師自身が自由で平等な関係の中で，よりよい実践を求めて仲間とともに切磋琢磨していかなければならない。

　子どもたちのわかったとき，できたときのあの笑顔。あの笑顔を求めて，地道に，たゆまざる教育実践を積み重ねていきたいものである。

2008年2月

本巻担当編者　大貫耕一

〈編者〉

大貫耕一（おおぬき　こういち）
元東京都公立小学校教諭、和光大学非常勤講師、学校体育研究同志会全国常任委員・出版経営局長
1952年　東京に生まれる
1975年　東京学芸大学保健体育科卒業
著　書　『わかる・できる体育の授業マット運動　高学年編』、『同陸上運動』（えみーる出版）
『体育の授業を創る』（共著・大修館書店）
『子どもと教師でつくる教育課程試案』（分担執筆・日本標準）他
改訂版の編集ならびに、Ⅰ章・Ⅱ章・Ⅳ章・「おわりに」の執筆担当

〈図解の絵〉

後藤妙吉（ごとう　たえきち）
デザイナー
日美学園デザイン研究科卒業

吉田慶介（よしだ　けいすけ）
イラストレーター
多摩美術大学デザイン科卒業

〈著者〉

岡田和雄（おかだ　かずお）
1932年　東京に生まれる
1957年　東京学芸大学保健体育科卒業
東京学芸大学附属世田谷小学校副校長、東京都文京区立指ヶ谷小学校長、同湯島小学校長、東京教育専門学校校長を歴任
著　書　『たのしくできる体育1・2年の授業』『同3・4年』『同5・6年』（あゆみ出版）
『子どもの喜ぶ体育の授業』（大修館書店）
『器械運動の指導』（共著・ベースボールマガジン社）他

藤井喜一（ふじい　きいち）
國學院大學人間開発学部教授
1946年　東京に生まれる
1969年　東京学芸大学保健体育科卒業
著　書　『小学校体育の授業1・2年』
『同3・4年』（共著・民衆社）
『器械運動の指導』（共著・ベースボールマガジン社）他

＊所属は2016年7月現在

新 絵でみる　陸上運動指導のポイント

2008年4月20日　改訂版第1刷発行
2016年8月1日　改訂版第4刷発行

編　者	大貫耕一
著　者	岡田和雄・藤井喜一
発行者	伊藤　潔
発行所	株式会社　日本標準
	〒167-0052　東京都杉並区南荻窪3-31-18
	TEL 03-3334-2620　FAX 03-3334-2623
	URL http://www.nipponhyojun.co.jp/
カバーイラスト	田代　卓
カバーデザイン	増田デザイン事ム所
DTP制作	株式会社　大知
編集協力	吉沢正博
印刷・製本	株式会社　リーブルテック

◆落丁・乱丁の際はお取りかえいたします。
◆定価はカバーに表示してあります。

ISBN 978-4-8208-0329-4 C3037
Printed in Japan